智慧人员体验管理

韩佼男 著

北京工业大学出版社

图书在版编目（CIP）数据

智慧人员体验管理 / 韩佼男著． — 北京：北京工业大学出版社，2021.9
　ISBN 978-7-5639-8130-4

　Ⅰ．①智… Ⅱ．①韩… Ⅲ．①智能技术－应用－企业－岗位培训 Ⅳ．① F272.92-39

中国版本图书馆CIP数据核字（2021）第 201713 号

智慧人员体验管理
ZHIHUI RENYUAN TIYAN GUANLI

著　　者：	韩佼男
责任编辑：	李倩倩
封面设计：	知更壹点
出版发行：	北京工业大学出版社
	（北京市朝阳区平乐园 100 号　邮编：100124）
	010-67391722（传真）　　bgdcbs@sina.com
经销单位：	全国各地新华书店
承印单位：	唐山市铭诚印刷有限公司
开　　本：	710 毫米 ×1000 毫米　1/16
印　　张：	11.25
字　　数：	225 千字
版　　次：	2023 年 4 月第 1 版
印　　次：	2023 年 4 月第 1 次印刷
标准书号：	ISBN 978-7-5639-8130-4
定　　价：	80.00 元

版权所有　翻印必究

（如发现印装质量问题，请寄本社发行部调换 010-67391106）

作者简介

韩佼男，毕业于英国伍尔弗汉普顿大学，获得人力资源管理文学硕士学位和应用科学与运动科学理学硕士学位；就职于昆仑数智科技有限责任公司，高级工程师。2022年4月，获得PMP项目管理专业人士资格认证。2017年12月获得教育部中国智慧教育督导"教育科研成果一等奖"，担任角色独立完成。2009年9月，获得国际EAP协会（EAPA）员工帮助计划EAP专业人士资格认证。2007年4月，获得CIPD注册人力资源管理师资格认证。

前　言

　　2018年，SAP公司提出了人员体验管理（human experience management，HXM）的概念，人员体验管理是人力资本管理（human capital management，HCM）的升级。人员体验管理，更深入地了解人的需求和期望，赋能员工，支持员工，并给予员工归属感，重新定义员工体验。体验管理是管理理论与实践相结合的一种管理概念。它既是个体对职业岗位的一种适应性体验和能力检验，也是政策执行、制度落实、流程操作的可行性、操作性检验，其核心目标在于培养个体的核心能力。随着体验管理概念的日益推广及运用，体验管理在推进岗位建设的高职能化、加快企业核心竞争力人才的培养方面必将发挥越来越重要的作用。基于此，本书对智慧人员体验管理展开了系统研究。

　　全书共五章。第一章为"体验管理"领域区分与关联，主要阐述了客户体验管理、产品体验管理、品牌体验管理、员工体验管理、人员体验管理等内容；第二章为智慧人员体验管理，主要阐述了员工敬业度调查、360度反馈调查、员工满意度调查、员工生命周期调查、员工情绪分析调查等内容；第三章为智能化员工雇佣旅程周期管理，主要阐述了"背景调查"智能场景、"新员工入职"智能场景、"员工服务与员工咨询"智能场景、"员工自助证明打印机和自提柜"智能场景、"薪酬福利"智能场景、"学习与发展"智能场景、"离职和离职后管理"智能场景等内容；第四章为智慧人员体验管理成功案例，主要阐述了美国智慧人员体验管理案例、丹麦智慧人员体验管理案例、瑞典智慧人员体验管理案例、澳大利亚智慧人员体验管理案例等内容；第五章为提升智慧人员体验感的路径，主要阐述了智慧人员体验管理的新趋势和智慧人员体验感的提升策略等内容。

　　为了确保研究内容的丰富性和多样性，笔者在写作过程中参考了大量理论与研究文献，在此向涉及的专家、学者表示衷心的感谢。

　　最后，限于笔者水平，加之时间仓促，本书难免存在一些不足之处，在此，恳请同行专家和读者朋友批评指正！

目　录

第一章　"体验管理"领域区分与关联 ·················· 1
　　第一节　客户体验管理 ································· 1
　　第二节　产品体验管理 ································ 15
　　第三节　品牌体验管理 ································ 17
　　第四节　员工体验管理 ································ 33
　　第五节　人员体验管理 ································ 37

第二章　智慧人员体验管理 ···························· 39
　　第一节　员工敬业度调查 ····························· 39
　　第二节　360 度反馈调查 ····························· 64
　　第三节　员工满意度调查 ····························· 73
　　第四节　员工生命周期调查 ·························· 109
　　第五节　员工情绪分析调查 ·························· 116

第三章　智能化员工雇佣旅程周期管理 ··············· 124
　　第一节　"背景调查"智能场景 ······················ 124
　　第二节　"新员工入职"智能场景 ···················· 125
　　第三节　"员工服务与员工咨询"智能场景 ··········· 131
　　第四节　"员工自助证明打印机和自提柜"智能场景 ··· 132
　　第五节　"薪酬福利"智能场景 ······················ 133
　　第六节　"学习与发展"智能场景 ···················· 135
　　第七节　"离职和离职后管理"智能场景 ·············· 135

第四章　智慧人员体验管理成功案例 …………………………………… 141

第一节　美国智慧人员体验管理案例 ……………………………… 141
第二节　丹麦智慧人员体验管理案例 ……………………………… 142
第三节　瑞典智慧人员体验管理案例 ……………………………… 144
第四节　澳大利亚智慧人员体验管理案例 ………………………… 145

第五章　提升智慧人员体验感的路径 ………………………………… 147

第一节　智慧人员体验管理的新趋势 ……………………………… 147
第二节　智慧人员体验感的提升策略 ……………………………… 149

参考文献 …………………………………………………………………… 170

第一章 "体验管理"领域区分与关联

本章分为客户体验管理、产品体验管理、品牌体验管理、员工体验管理、人员体验管理五部分。其主要包括客户体验再认识、客户体验管理的不足、客户体验管理的实施、客户体验管理策略的开发、客户体验管理与企业竞争优势、产品体验、产品体验管理的特点、品牌、品牌体验、品牌体验管理策略、员工体验、员工体验管理的提升策略、人员体验管理系统、人员体验管理的提升策略等内容。

第一节 客户体验管理

一、客户体验再认识

（一）客户体验的概念

"体验"是一个含义相当宽泛的概念，人类日常将五官肢体对冷暖燥湿、喧闹宁静、舒缓紧凑的感觉理解为体验，或许"体验"一词就来自"身体的经验"。

这一词源于拉丁语"exprientia"，原意是测试和检查。心理学科研究通常将其规划为一类感性表达，在商业领域里，它则是一种经济手腕。归纳来讲，消费者在特定情况下的情绪以及心理的变化就是体验。但是，当这一日常用语频繁出现在经济管理领域的术语表中时，它的意义就显得非比寻常了。它不仅成为企业狂热追逐的目标和传媒连篇累牍探讨的对象，更成功地转变了人们对营销和服务理念的认识。那么应该如何来定义体验呢？为了深入了解和准确界定体验的内涵，我们将遵循体验研究发展的历程，围绕不同领域对体验概念的界定进行一系列的分析和探索。

1. 经济学领域的概念界定

在漫长的人类历史中，体验只有文化意义，仅强调了其本质特征。只有体验融入经济活动中并成为经济效益的来源之后,才被推到经济领域至关重要的位置,才产生了体验经济。

作为一个经济术语,"体验"最早是由美国著名未来学家阿尔文·托夫勒在1970年提出的,他把体验作为经济价值来看待,认为体验是商品和服务心理化的产物,并指出"体验产品中的一个重要品种以模拟环境为基础,让客户体验冒险、奇遇、感性刺激和其他乐趣"。

但在那个时代,体验还不可能得到进一步的关注,因为大多数发达国家还处在从商品经济向服务经济转变的过程中,并为提供服务可以作为独立的产业并成为国民经济增长的核心力量而欢欣鼓舞;作为经济外围的被动接受者——消费者,其群体及其感受体验都仅仅是服务经济的派生物而已,还是影响力甚微的要素。直到服务从个性化定制到批量化提供,竞争趋于白热化,经济再一次陷入商品化陷阱,需要寻找新的出路时,体验及其价值才重新被给予关注。美国经济学家B. 约瑟夫·派恩和詹姆斯·H. 吉尔摩揭示了体验经济的到来,他们在《体验经济》一书中探讨了个人体验发生的机制。

在经济管理的范畴内,目前对体验的理解大致存在以下两种视角。

(1)供给

体验代表一种已经存在但先前没有被清晰表达的经济产出类型,是一种独特的经济提供物,也是增加企业价值的一种新途径。作为体验的提供者,企业要想获得持续的经济增长,就必须展示具有吸引力的、令人信服的体验产品以及独特的体验环境。

(2)需求

体验首先仍是一个心理层次的概念,是指一个人在达到情绪、体力、智力甚至精神的某一特定水平时,在其意识中所产生的美好感觉;基于对这种美好感觉的强烈追求,消费者不但愿意以个性化的方式参与到体验环境当中,而且愿意重复并通过口碑宣传这种体验;这一视角与心理学、哲学所强调的体验的本质特征相对应。当然,这种美好体验既可能依附于企业的产品或服务,也可能作为纯粹的体验业务而独立存在,如旅游业和娱乐业就是专门为客户设计体验的行业。

2. 管理学领域的概念界定

管理学领域与体验相关的研究主要集中在服务营销领域,旨在通过对企业各种体验要素的设计和管理,借助品牌体验以及体验式营销等手段为客户创造和传递有价值的独特体验,最终提高客户的满意度和忠诚度,增加企业赢利的机会。

在研究过程中，术语"服务体验"开始被广泛采用，但刚开始，服务体验更多的是作为客户感知的代名词被使用，其本身并没有被赋予确切的定义。随着研究实践的逐步深入，服务营销领域又派生出一个研究分支，主要是围绕客户体验的产生过程来展开研究的，研究重点之一是客户的参与对体验的影响方式和程度。同时，也有一些研究者对客户参与的方式进行了研究，如美国著名的服务营销学家瓦拉瑞尔 A. 泽丝曼尔和玛丽·乔·比特纳将客户在服务交付过程中的角色划分为三种类型：一是生产性的资源，为服务过程提供信息和精力；二是作为自己所获得的服务质量、价值和满意的提供者；三是作为服务企业的竞争者。

鉴于客户的参与进入服务营销研究领域并日益受到重视，学者对体验的理解也越来越接近其真实的含义。派恩和吉尔摩将体验定义为"使每个人以个性化的方式参与其中的事件"，同时他们又认为"体验事实上是当一个人达到情绪、体力、智力甚至是精神的某一特定水平时，他意识中所产生的美好感觉"，并根据消费者的参与程度以及与环境的相关性，将体验分为娱乐体验、教育体验、遁世体验和审美体验四种类型。

其中，娱乐体验是人们被动地参与并身心投入的一种体验，它主要通过感觉来实现，如看电影、看演出、听音乐以及读书等；教育体验是人们主动参与并身心投入的一种体验，与娱乐体验不同，它包含了客体更多的积极参与体验；遁世体验则是人们主动参与并融入其中的一种体验，是体验活动中主动性与融入性最突出的一种体验，如逛主题公园、登山旅游、玩网络游戏等；审美体验是人们融入其中但处于被动状态的一种体验，如参观美术馆、博物馆、观看大峡谷等，虽融入其中但只是欣赏而已，不能对体验物或者周围环境产生影响。

美国营销学教授伯德·H. 施密特认为，体验是在直接观看或参与某事件——无论是真实的、梦幻般的，还是虚拟的过程中对某些刺激产生的内在反应；并根据生理学、心理学和社会学的理论，从市场营销的角度提出可以把体验分为"感觉营销、感受营销、思维营销、行动营销和关系营销"五种类型。

其中，感觉营销的目的是通过感觉、听觉、触觉、味觉和嗅觉设计感官上的体验，通过赋予产品个性化，感觉营销可以引发客户的购买动机，并增加产品的附加价值；感受营销则是通过关注客户内在的情绪和感情，力求设计一种美好的情感体验；思维营销关注智力因素，通过有创意的方式激发客户独特的思考能力，从而为客户创造认知和解决问题的体验，常用于高科技领域，但对其他产业的产品设计、销售等也极其适用；行动营销旨在影响人们的身体体验、生活方式和相互作用，通过提高人们的生理体验、展示做事情的其他方法和另一种生活方式来丰富客户的生活；关系营销包含感觉营销、感受营销、思维营销和行动营销等因素，它超越了"增加个人体验"的私有感受范畴，并且使个人与理想中的自我、他人以及社会文化产生了关联。感觉体验、感受体验、思维体验、行动体验属于个人体验，行动体验和关系体验则属于共享体验，"行动体验"是个人体验与共享体验中共有的体验。

（三）体验的特点

1. 独属性

体验就像一个个具有储存功能的小盒子，人们经历不同的情感和体验并将其存在小盒子中放进大脑，每个小盒子都是不同的。

2. 持久性

一旦获得体验，人在特定的环境中，人类大脑的经验将储存下来，小盒子不会凭空消失，而是慢慢积累起来。小盒子都在人类的潜意识空间，在体验过程结束后依然可以读取，独特的体验小盒子就会经常被打开，但是不会丢失。

3. 情景性

依旧把体验比作具有储存功能的小盒子，小盒子都有自己的数据可以相互连通，人的大脑可以将这些小盒子汇合起来，将相同的体验进行分类类比，因此，如果有类似的场景或者事情，虽然时间不同，但对于消费者来说也是熟悉的。消费者根据自己的过往经历和体验对即将进行的相似环境进行选择，做出更有利于自身需求的决定。

4. 创造性

体验是一种人类本能产生的情感和感觉，既可以是自发的，也可以是由生产者引导的。生产者可以通过营造一种全新的符合消费者需求的体验，使消费者对这类体验产生认同并做出购买的决定。

随着我国经济与技术的不断发展，人们开始步入体验经济时代。随着人民生活水平的不断提高，人们将会有一个新的需求，那便是对物质产品的需求。生产者生产产品时更加注重消费者的心理和情感，甚至是精神体验。

首先，良好的消费体验是促使消费者再次消费的开端，即使消费过程结束了，感觉和经验消费也将继续保存在人们的记忆中。

其次，人们不单单关心大宗商品消费，在产品本身的物质需求背后，隐藏着人们对自己生活质量的要求，即人们不但购买物品，还要有体验的享受。

最后，有了良好愉悦的消费体验作为支撑，可以培养消费者的品牌忠诚度，消费者在一次次的消费体验下对产品做出评价，形成品牌倾向。

（三）客户体验的特点

1. 客户的参与性

从体验的定义可以看出，客户的参与是创造体验的前提，如果没有客户的参与，体验根本就不可能发生。传统的产品或服务流程设计往往将客户排除在考虑的因素范围之外，仅仅把客户简单地作为产品或服务的接受者，如何设计、如何改进，都由企业单方面来做决定。虽然现在越来越多的企业开始注重从客户的反映中获得反馈信息，以辅助战略决策的制定，但它们所注重的仍然是客户对产品或服务属性的评价。即便进行客户满意度调查，也是对这些属性进行的。但可以肯定的是，没有人可以有把握地说他们已经掌控了影响客户满意度和客户忠诚度的所有因素，因此，这种基于属性的调查是以对客户行为研究的现有成果为基础的，在现有研究没有取得进展之前，调查无法提供更多有价值的信息。

客户体验研究正是从单纯注重产品或服务属性特征的范围中脱离出来的有益的研究视角，如果企业要真正关注客户体验，就必须将客户本身的因素考虑在内。作为体验的提供者，企业只能提供体验产生的平台，而体验仍然是以体验者自身的情况为基础，受外界条件的刺激而产生的，如果忽略客户的参与，那么任何所谓的体验都将化为乌有。没有客户的参与，再精良的产品设计也无法赐予产品以生命力，再优质的服务也不会被感知，媒体宣传就变为千人一面的刻意鼓吹，品牌形象就成为无意义的符号，收费较高的娱乐休闲业务也成了一种无益的浪费与奢侈。

2. 强调过程视角与结果视角的有机统一

（1）过程视角

体验的产生要经历一个过程，或者是产品的使用，或者是服务的享受，对于纯粹的体验业务更不必言，客户是在一段时间内通过企业传递的信息逐渐获得相应体验的。忽略体验产生的过程性，体验也就无从把握和操控了。鉴于此，为客户创造良好体验的企业开始仔细审视客户与企业交互过程中的各个接触点，力求使交易全过程中的各个环节都能成为创造和传递体验的渠道与桥梁。同样是由于体验的过程性，如果企业在某个接触点上不能保持与其他接触点一致的效果，那么企业的整体努力就会付诸东流，因为这种不一致性很容易就会被敏感的客户感受到，从而对企业的努力和诚意产生疑问，结果适得其反。

（2）结果视角

有益的体验是在客户内心感受到的新奇、刺激、愉悦，甚至是浓浓的暖意，是否真正产生了相应的体验，只能由客户来评定而不是企业说了算。正如寻医问药，是否有效只能通过病人康复与否来判断，而不是听医生或药商自卖自夸。因此，按照客户的价值层次，只有从结果层面和最终目的层面实现客户的价值，才能够有效地创造和传递体验。忽视客户内心需求的一厢情愿的策略和措施未必能带来预期的结果。

3. 差异性

体验是基于客户与企业的交互过程而产生的。一方面，它取决于企业所采取的具体措施，如人本化的产品设计、体贴入微的服务、超前并引领潮流的娱乐休闲方式的倡导等；另一方面，它取决于客户自身的情况，如性格、具体需求、当时的心境等。因此，是否会产生体验，会产生什么样的体验，都存在着很大的变数。不同的企业采用不同的方式与途径，可能会向客户传递相同的体验，实现客户类似的价值，即殊途同归；而同一企业采用相同的方式和途径，却可能会使不同的客户产生不同的体验，或者是在不同的时间使同一客户产生不同的体验，即"仁者见仁，智者见智"。

一位因工作需要而多次观看芭蕾舞剧《天鹅湖》的外交官发现，他每次观看的体验都有所不同。最初，他会为参与欣赏这一高雅艺术而觉得自豪，被剧院营造出的宏伟气势震撼；随后，他会被凄美的情节和演员优雅的舞姿吸引，并长久回味；观看几次之后，情节已经了然于胸，他就开始审视演员的芭蕾舞技能，并发现自己甚至变成了专家，可以评头论足；再往后，他对相关的演员逐渐有所了解，学会对不同演员的表演加以比较；再以后……不能再有以后了，因为恐怕那时观看《天鹅湖》已经不再是享受而是味同嚼蜡了。经济学的边际效用递减规律也说明了相同的问题。当然这位观众还可以通过欣赏其他形式和风格的艺术表演再重温一遍"体验之旅"。

（四）客户体验的存在机理

1. 从供给角度审视体验的产生与发展

随着市场竞争的加剧和技术传播速度的加快，产品和服务逐渐趋于同质化和规模化，出现了派恩和吉尔摩所提到的"商品化"现象。在"商品化"的趋势下，企业提供的产品和服务之间的差别越来越不明显。面对无差异的产品和服务，企业的竞争逐渐转移到价格上。虽然最初企业通过装配流水线进行大规模生产从而得以降低生产成本、扩大获利空间，但随着商品化的全面普及，企业迫于竞争压力不断降低价格水平，将会导致获利空间逐步萎缩，企业的生存面临新的危机。因此，商家必须不断思考新的策略，寻找新的出路。

科学技术的发展推动了体验经济的产生，并且为体验创造过程中企业内部渠道的整合、外部战略联盟的建立提供了工具和方法，甚至科学技术本身就是一种体验。科学技术的高速发展使得企业有能力为客户提供众多的别出心裁的体验，如在线娱乐、网上聊天、虚拟现实等。

同时，客户对体验的感知主要取决于在与企业交互过程中各个接触点上所获得的体验，而要实现各个渠道、各个接触点数据的整合，为客户传递及时的、一致的体验，必须进行渠道整合。渠道整合的一个首要前提就是实现企业内部各个信息系统平台的整合，信息技术的飞速发展使得这一切成为可能。通过企业统一的信息系统平台，客户可以利用多种渠道（如电子邮件、手机短信、营业厅等）获得有关企业的信息。另外，有关客户交易喜好的信息也会通过信息平台传到其他被授权的接触点上，以确保客户在与企业交互的过程中能够获得个性化的体验。

为了在更宽广的范围内给客户提供统一的体验平台，仅仅依靠企业自身的能力和资源已经无法实现。这就要求核心企业必须与供应链上的相关企业建立战略联盟，共享资源，如航空公司不可能飞往世界各地，在每一个机场为客户提供相关的服务支持。但是，通过建立战略联盟，客户就可以使用联盟企业合作伙伴提供的住宿、休闲等服务。这些联盟伙伴在现实中可能是相互分离、彼此独立的，但是展现给客户的则是一个统一的信息体验虚拟平台。信息集成以及网络技术的发展使得建立"战略联盟"的思想能够付诸实施，为客户提供统一体验的愿望也因此得以实现。

总之，信息技术和网络技术的飞速发展和广泛应用也为人们分享生活中的体验和设计体验的舞台提供了强有力的技术保障，使得任何类型体验的创造都将成为可能。

2. 消费者的需求是体验经济的基础

从需求的角度来讲，体验将成为未来社会消费者所追求的主要价值趋向。随着商品经济、服务经济的日益成熟，消费者的生活方式、消费行为习惯和需求层次结构都在发生着巨大的改变，客户的需求已经不再满足于单纯的商品使用价值和功能利益，而是进一步演变为对商品购买与消费过程背后所蕴含的身心愉悦、社会认同与自我实现等更高层次价值的追求。这主要表现在以下几个方面。

①社会文化尤其是工作生活方式的改变，为体验的产生提供了必要的条件。科学技术的进步，一方面使得人们的可支配收入不断增加，另一方面也在推动着人们工作和生活方式的变化——脑力劳动者在整个社会劳动人口中所占的比例越来越大，产生了一大批中层的白领阶层，人们每天在办公室待的时间越来越长，工作中的压力也越来越大。

为了缓解压力，人们希望通过参与并投入感兴趣的事情中以得到精神上和心灵上的完全放松。这就导致人们对体验性消费的需求日益增加，使"花钱买刺激"成为一种消费时尚。并且人们的闲暇时间越来越长，人们的全部收入中用于休闲、娱乐等方面的开支比例也呈不断加大之势。而体验无疑将是贯穿休闲娱乐始终的实质性结果，是对消费者而言意义最为丰富的一种消遣娱乐诉求。

②消费者对更高层次价值的追求使得体验的产生成为可能。以美国著名社会心理学家亚伯拉罕·H.马斯洛的层次需求理论为基础，如果说以往的产品可以满足低层次的需求，服务可以满足中等层次的需求，那么体验可以满足最高层次（自我实现）的需求。

二、客户体验管理的不足

（一）对客户体验概念的认知不清晰

大多数中国的企业对客户体验及其管理的概念的认知还不是很清晰，有些企业把客户体验理解为设计几个客户体验厅或体验店为客户体验的全部，大多数企业还没有真正导入客户体验管理。

有些企业认为，只有服务行业才有客户体验，工业品没有客户体验，这些理解都是不够准确的，其实服务行业是最早开展客户体验的，但对于消费品或工业品同样需要客户体验管理。戴尔计算机在线体验可以以其"定制产品"按钮成为全球首家提供在线产品配置的企业。

（二）对客户体验的重视程度不够

客户体验不是为了体验而设计体验，客户体验管理是系统工程，体验要结合战略和策略，体验设计是要创造与企业发展相匹配的客户体验。

（三）客户体验没有找到关键体验

既然说客户体验管理有众多好处，是不是应该给所有的客户都提供最好的体验呢？客户体验需要对不同细分客户体验进行差异化的设计。如果为所有移动用户都设计最好的客户体验，那么客户价值与客户服务成本就不匹配，高价值客户就享受不到更优越的服务，也不能有效地驱动客户价值的提升。因此，客户体验不一定要最好，而是要设计关键客户体验。

三、客户体验管理的实施

（一）客户体验管理的实施路径

客户体验是基于客户的自身状况，由企业行为所激发的情绪和感受。因此，客户体验的产生首先源于客户的需求，不同的客户有不同的需求，经历相同的过程会有不同的体验。同时，客户体验的发生涵盖了购买前、购买中以及购买后等各个阶段。企业如何获知客户的需求和体验的实现状况，即如何识别客户体验是对客户体验加以管理的先决条件；企业的努力如何奏效是客户体验管理的核心内容；而企业与客户牢固情感的建立则是客户体验管理的目标所在。由此可以规划出企业实施客户体验管理的路径：企业的换位思考—对客户需求的识别—针对客户需求创造并传递体验—通过客户的重复购买与否获得其行为反馈信息—提升与客户的情感联系。

具体来说，要能准确识别客户的需求，企业首先必须能站在客户的角度来看待问题。通过换位思考，站在客户的角度重新审视客户与企业交互过程中的所有接触点，了解在这些接触点上客户都期望能得到什么样的感受（企业实际能否满足这些期望）；同时，客户与企业交互的时间越长，对企业的期望也会越高、越苛刻。

此外，企业还可以利用向客户直接询问的方式（如群组访谈和市场调查）来进一步证实自己的结论。所有获得的信息都可用来指导下一步对客户接触点的整合管理以及客户体验的创造与传递。

企业的努力是否得到了预期的回报，可以通过观察客户的重复购买行为及其他反馈信息来验证；当然结果有可能是令人失望的，这就表明需要重新来设计客户体验整合管理的策略措施。无论如何，最终目标是通过体验增强企业与客户之间的情感联系，进而获得更加忠诚的客户群体。

遵循上述路径，企业有望在长期经营战略的框架内实现对客户体验的管理，并使之为经营战略目标的实现服务。

（二）客户体验管理框架的构建

在实际操作中，从战略定位到产品的设计开发与服务流程的制定，从客户接触点的布置到服务的提供，无不蕴含着提升客户体验的思想。企业要实施客户体验管理，必然要掌握与此相关的一整套策略，因此有必要构建实施客户体验管理的完整框架。

1. 分析客户的体验世界

客户体验需求识别是企业实施客户体验管理的首要步骤，目标在于促进企业对客户体验世界的洞察和了解。因对客户缺乏洞察力而导致企业失败的例子不胜枚举。企业如果不能及时认识客户体验需求的多样性与动态变化性，必然影响客户对价值实现的认知。

客户体验需求的识别需要满足以下几点要求：首先，客户体验需求应尽量对应客户的价值需求，这是不言而喻的；其次，客户体验需求应有相对明晰的概念区分度；最后，客户体验需求应能对应企业的管理策略，确保实际的可操作性。

任何一个企业在为客户创造和传递体验时都不可能兼顾所有的市场、所有的客户，企业必须考虑其品牌定位、潜在客户和市场的细分等因素，确定哪些客户和细分市场对企业来说是最有价值的，最有价值的客户具有哪些特征，企业如何才能有针对性地为其传递有价值的体验等。

因此，对细分客户市场特征的分析以及客户需求的认知是对客户体验加以管理的先决条件。在此基础上，通过对所识别出的客户体验需求进行分析和归纳，可以提炼出一定的体验主题，如对便利性的体验、自主掌控、选择多样化的体验、享受服务的同时能获取知识的体验、彰显身份备感荣耀的体验等。这些主题将是企业在客户体验创造中努力的目标，是要向客户传达的明确信息和承诺，也是树立企业品牌形象的起点。只有使客户感受到这些体验主题，才有可能实现高层次的价值体验，如欣喜、新奇、震撼、沉浸其中、娱乐、享受等。

2. 把握客户体验的影响因素

每一个体验主题必须由一些关键的、客户驱动的能力支撑，因此落实客户体验可控性的关键方面是要把握影响客户体验的各种因素。而体验是客户在与企业进行交互的过程中产生的各种感受,因此,可以从企业和客户两个角度来分析体验的影响因素。从企业角度来讲,影响客户体验的因素可以归结为产品、服务、环境、品牌、员工等;从客户角度来讲,影响体验的因素则包括客户的需求动机、个性特征以及知识水平等。

为了创造尽可能完善的体验,客户体验管理要求企业不仅要了解客户的动机,更要了解他们的即时情境。基于这些信息,企业便可操控各种因素设计客户体验;并通过整合各种因素对客户的需求做出快速的响应,力求从各个接触点、从每个细节处为客户传递理想的体验。

总之,客户体验管理注重产品和服务中所附加的体验,而非产品和服务本身;注重与客户交互的环境,而非单纯的销售;注重创造和传递体验的人,而非僵化的流程与管理制度。

四、客户体验管理策略的开发

(一)体验定位

美好的体验固然令人向往,但如果仅仅强调体验效果,体验的创造仍无异于空中楼阁。体验必须准确传递公司的体验定位和体验价值承诺。

体验定位:以形象为导向的品牌体验代表什么?它与传统的管理和营销定位的宣言是相等的,但是它以洞察力和感官的战略内容来描述。

通过中国移动通信集团有限公司和 Cingular 公司的定位对比,可以看出体验定位与传统定位的差别。传统定位多数是在说自己,而体验定位以客户的语言表达品牌,这种表达是建立在品牌与客户之间的情感联系之上的。

体验定位是基于对客户体验调查中,寻找品牌如何到客户生活方式和内心的世界中的价值元素,通过过滤寻找能代表品牌与社会文化及使用环境融合的价值元素,通过这些价值元素来描述品牌定位。

(二)体验价值承诺

体验价值承诺是从感觉、知觉、思想、行动、关联上找到特定客户的影响,以体验的词汇描述客户能从品牌中得到什么样的价值。体验价值承诺应该与体验定位相匹配,目前很多品牌就是没有在体验定位与体验价值承诺之间相匹配。

当消费者将自己的人生主张、价值观、生活态度通过某种商品传达时,就表明他对该品牌的感官享受超过了临界点,开始形成对这一品牌的价值主张,这是品牌体验的最高境界。这给我们带来的启示是,能不能挖掘出契合目标消费阶层的文化符号，并创造出品牌体验的氛围，是建立强势品牌的重要工作。就像星巴克咖啡一样，人们置身在任何一家星巴克咖啡馆中，都会体验到一种新的生活形态，这就是体验营销发挥了真正的作用。

联想：我们致力于帮助每一位客户通过技术创新取得成功。我们的产品设计结合了大量创新思想。我们致力于使我们的创新技术能够满足主要客户的要求，以及提供可帮助客户提高效率、同时降低成本的产品。

麦当劳：体验价值承诺是为客户带来欢乐和美味。我们很多的餐厅同样也重视服务，但给客户的体验主题不明确。

惠普：惠普就将最佳全面客户体验（total customer experience，TCE）作为全球战略提出，计划从产品、服务、工作方式到人员都带给客户"专业、可信赖及热忱"的体验。

（三）体验实施策略

全面实施主题是如何将体验定位和体验价值承诺联系到具体实施的体验中，包括实施的内容和形式，全面实施主题对体验管理非常重要，很多公司在实施体验战略时不成功，关键在于忽视了全面实施主题。

德国沃尔斯坦啤酒的价值战略是"优质、优质、优质"。如此简单的价值战略是怎样表现出来，并向消费者传播呢？我们来看看该啤酒鼓吹的"优质"世界。

在广告中，他们着力营造一个色彩、图画、声音和风格整体统一的氛围：色彩世界——高贵的黑色背景，古典舞台的灯光艺术；图画世界——产品作为明星出现在舞台上，骄傲地放弃吸引部分注意力的布景；声音世界——喜气洋洋，古典韵味，精挑细选，声音深厚，语言规范、大气；风格世界——艺术家的风采，生活品位的精华。

沃尔斯坦啤酒在实施主题过程中全面贯彻了"优质"的体验价值，当"优质"通过这样的表现工具传播出来时，消费者对优质有了感性的理解。色彩、图画、声音和风格不仅仅刺激了消费者的感官，更把品牌价值潜在的优势准确无误地传播给消费者，从而为品牌价值的承诺获得更多的力量。

因此，在打造客户体验全面实施主题时，企业的品牌实施过程要贯彻体验定位与体验价值承诺相匹配的理念。

五、客户体验管理与企业竞争优势

企业要想在竞争激烈的市场上获胜，必须要争取稳定而不断增长的市场份额，拥有忠诚的客户群体。管理者也越发意识到，忠诚度对企业业绩有着非常积极的影响。与不能成功地让客户满意并维系与客户关系的公司相比，拥有满意和忠诚客户的公司可以得到更多的利润与更高的边际报酬。美国学者弗雷德里克·莱希赫尔德在其著作《忠诚的价值》中指出，忠诚的客户更让公司有利可图，因为销售成本被分摊的时间更长，客户增加了购买量以及消费的次数，使管理成本降低，客户推荐别的客户，并且更愿意支付额外费用；而吸引一个新客户的成本是维系一个老客户成本的六倍。

客户忠诚度越来越被认为是利润增长的强大推动力。在世界大型企业联合会的研究中，来自北美、欧洲和亚洲的首席执行官中，37%的人指出，客户忠诚度和保持率是企业面对竞争时最大的管理挑战。在欧洲，保留客户的重要性更为突出，许多曾被大肆宣扬的主题，如提高弹性和速度、人才竞争、减少成本等都被排在了后面。在客户忠诚度方面的投资就是在利润增长方面的投资。忠诚的客户不仅继续购买产品和服务，他们还像最有热情的福音传道者一样在市场上传播好的信息，推荐新的业务，因而拥有潜在的增长价值。

企业应该怎样来提升客户价值，从而最终提高客户满意度和忠诚度呢？从客户价值层次模型中我们或许可以找到思路和策略。首先，企业不应该仅仅从属性层面来定义所提供的产品或服务，而应从结果层面和最终目的层面来考虑。也就是说，企业若想真正理解客户的价值，就必须首先清楚哪些特定的结果是客户所期望的以及期望达到什么样的目的，哪些结果是客户不关心或者竭力避免的。除非理解了较高的价值层次，否则根本不存在任何"北极星"去指导经理筛选和确定哪些属性应被加入产品或服务中，同样也不存在任何能够判断竞争性产品的相对吸引力和重要性的方法。

然而，企业为什么会关注客户的体验呢？虽然体验可以给产品和服务带来更高的附加值，但根本原因还在于客户期望得到独特的、有益的体验，以及一种值得回味的、难忘的记忆，这与客户预期实现的最高层次价值相契合；企业也希望能在竞争对手中树立突出的形象，增加对客户的亲和力，二者恰好在提供体验产品上找到共通点，产生共鸣。

如前所述，体验对应于更高层次，也是更贴近客户心灵的价值，因而在消费的产品耗尽或者服务结束以后，美好体验还会使客户经久不忘，从而对提供体验的企业也会产生亲近感。随着可支配收入的增加、生活观念和方式的转变，消费者今后在追求独特体验方面还会投入更多的金钱与精力，并倾向于与企业建立情感联系。

企业将体验融入产品服务中以后，可以给客户提供充满感性的力量，给客户留下难忘的愉快记忆。这种体验是无形的，也是很难效仿的，它使不同的企业在客户眼中得以区别。企业从而赢得了更为稳定的、可为企业带来更大价值的忠诚客户群体。调查发现，通过多渠道、多接触点给客户提供良好体验，企业可以获得更高的客户保持率，更高的客户保持率可以促使企业在利润方面有明显的提高。

关注于实现较高层次的客户价值还可以产生以下益处：由于客户价值所处的价值层次越高，稳定性越好，通过关注价值层次中的较高层次，管理者不必再总是追求快速移动和变化的目标，不必在没有产生战略性优势的条件下狂乱地追求与对手保持同步或保持领先的竞争地位；与之相反，战略目标将更稳定且不易改变，管理部门仍有各种机会去寻求如何交付客户所期望的结果。另外，企业可以在较长的一段时间内保持目标较为集中，并可以更加敏锐地察觉客户的需求在未来发生的变化。因此，为了能够长期保持一定的竞争优势，企业高层管理人员应该将注意力集中在价值模型中的较高层次。

当企业从狭隘的、仅仅关注属性的改进转向考虑更广义的结果与价值交付时，它更有可能获得实质性的、重大的、战略性的持续优势。而为了提高客户在结果层面以及最终目的层面上的满意度和忠诚度，提升客户价值，对客户体验的管理逐渐被提上日程。埃森哲和蒙哥马利在 2000 年的一项研究发现，如果一个 10 亿美元的企业在客户互动方面增加投资，从平均水平增加到高水平，它可以预期得到 4200 万美元的投资回报。该研究总结表明，有效的关系管理比你期望的要高得多。因此可以说，报酬来自体验。

企业通过客户体验管理可以建立起与客户牢固的情感联系，同时也实际树立起防止竞争对手吸引客户离开的经济屏障。竞争对手要想吸引客户离开，就需要付出巨大的、往往也是得不偿失的转换成本。客户在与企业长期交互过程中彼此业已加深了了解，增进了认识，企业能为其提供个性化的产品、服务以及建议，如果"跳槽"到别的企业，又需要花费很大精力来重复这些过程。因为关系的建立毕竟需要一些时间，客户的转移成本也被提高了。敏锐地意识到提升客户体验对客户满意度乃至客户忠诚度的价值从而推行客户体验管理，为具有超前洞察力的企业的经营带来巨大的改观。

目前，体验正成为卓越企业乃至整个市场日益重要的关注点，各国际企业越来越多地把"全面客户体验"或"品牌客户体验"作为企业战略管理的一个组成部分。应运而生的客户体验管理也成为企业管理者学习掌握的新型技能和主流咨询公司提供给客户的主要知识资产之一。英特尔、惠普、微软、戴尔等 IT 领域的知名公司，亚马逊网上书店，新加坡航空公司等在体验营销、体验管理等方面的理念和实践方面都取得了明显的进展与成效。为人们所熟知的迪士尼乐园、星巴克咖啡馆、索尼探梦科技馆、三星数码体验馆等更是凭借体验营销的战略思想而获得了竞争优势。

总之，以体验价值为核心来构建企业的竞争力，将有助于企业在自身经营活动中设计出令客户满意的独特体验，不断提高企业的附加值，从而在体验经济中获得竞争优势。

第二节　产品体验管理

一、产品体验

产品体验，即感触设计，是指产品及其所处的环境成了剧场的主要构成部分，产品变成了演出的道具，而其所处的环境则成了表演的背景，使购买者在交易过程中产生愉悦感的体验过程。体验设计是最早的企业商业策略，企业用一种综合自己产品、服务与环境的策略，使消费者获得不一样的体验。体验设计将使用者的情感体验作为设计中心，设计师认为，用户在使用产品时的心理感受比产品的实际功能更能吸引消费者，并将消费者的心理需求集成到产品的用户内心感触设计当中。

首先，有了物与物之间的接触，就有了体验设计的构成要素，同时强调使用者在使用过程中的情感付出。

消费者的参与类型多种多样，包括协同参与、自适参与等。协同参与是指企业和用户共同合作完成最终产品。例如，宜家集团的家具设计，有很多用户可以参与其中的设计方案。简单的有用户自己调整座椅或者桌子的装饰品，复杂的有用户对家具的框架进行组装，再进行细节如门把手之类的搭配。用户协同家具生产商对家具进行共同制作，得到一种私人定制的效果。用户对半成品的原材料进行选择，根据自己的喜好组装，将自己的情感融入这件家具中，完成一件产品。自适参与类型中产品的设计与用户的生活环境、生长环境相关，这类产品设计与不同消费者的特征自动相协调，与人们的参与愿望一致。这种参与是用户驱动的，每一类产品随着使用者的变化而变化，这就要求产品必须能较为全面地把握使用者的内心，使用户认为体验过程是可以再次购买的。

其次，增强用户的参与意识由"被动"到"主动"，产品体验设计类型的产品给用户一个空间去学习参与，通过设计引导用户参与，培养用户的主人公意识。设计人员对产品的使用氛围和行为要点统筹思考，进行多方位考量，把握设计的整体效果、造型特征、人机工程以及产品语义的表达。

最后，体验设计的最终目标是使消费者获得协调舒适的购买感受，可以让用户有和谐使用产品的经历，让体验成为衡量产品设计的标准。

近年来，出现了一些典型的产品，使产品的使用体验设计和应用基于消费者心理和产品的应用程序的经验。这里有一些为我们所熟知的产品，例如，2007年1月9日，总部位于美国的苹果公司创新性地推出了触屏智能手机，并开始在线下进行销售。它的销售热度较高，不仅是美国用户，世界各地用户都对其青睐有加。同年，此款手机登上了各大电子产品销售商的榜首。事实上，苹果公司并没有发明一个新奇的产品，它仅仅是帮助人们实现了多一点体验的梦想，通过不同的手势、不同的触控，人们发现自己也可以参与产品运行的过程，并且这个体验是良好的，得到了广大消费者的认可。

2006年11月19日，日本索尼的PS将优化的主机控制器和90年代风格的软件结合，创造出一款打动消费者的新机器。机器从消费者的体验出发，变传统单调乏味的游戏状态感为愉快的回忆。

微博的使用者非常广泛，迅捷的信息传递速度和大量的信息已经成为现代生活的一个组成部分。它让使用万维网的客户可以与好友即时分享约140字的文字更新。截至2020年3月，中国微博月活跃用户达到5.5亿人。人们在微博中的讯息要素获取有很高的自主选择权，可以完全依据本身的喜好和关注点来确定是否成为别人的"粉丝"。新鲜事和新闻的传播从未如此的高效和迅速，使用者可以在事件发生的第一时间、第一现场将信息传递出去，超过半数以上的使用者得到了新信息和娱乐的不同体验。

二、产品体验管理的特点

产品体验是用户使用产品的主观感觉，因为这一主体性，它把使用中的必然性带走了。这些区别影响了个体的实际感觉，其作为使用者透过其他渠道几乎无法重现，因此设计的体验感有自身的特性。

第一，设计体验学是全新的多学科综合。它和许多学科密切相关，如言语学、认知科学、心理学、设计工程学、消费行为学、园林建筑学等，如今大量应用于设计工业产品、人机交互平台设计、信息设计、不同的环境设计、服务规划等，因此在设计集体中注重体验设计必须囊括各学科在不同方面的精英和专家。

第二，其感知设计以其独特的理念超越之前单一的功能特征设计而被重新定义。如今的手机已经不存在复杂的整体外观设计，所有的手机正面几乎一模一样，都是大屏幕触控板，只能设计小的细节按键以及手机背面，工业品规划者不再拘泥于死板的结构，外观和尺寸的细致令用户满意。

第三，体验设计已经逐渐从最初的基本功能到使用者的内心感受。首先使客户体验基础性功能，其次使客户获得心理方面的满足感，最后使客户获得超乎产品本来预期的愉悦感。

第四，产品设计基于体验的知识必须靠日积月累才能获得，确定首要目的，并找到攻克的方法。

第五，重点强调掌握体验设计的精髓在于其中，绝对不是最后的成果，关于设计者本身，在大多数时候应反思自己给使用者带来的益处。

21世纪的最初十年，人们展现了超乎平常的反工业化和抽象模糊的喜好倾向，设计工业品提出更多的目标，经过规划、表象的发展转型感情心理和其他方面的设计社区一起以人为中心的设计趋势的强劲推动，产品感触设计也就是在这个时候出现，它的中心思想是突出使用者的精神需求，并尝试带给使用者一个活性更高的产品。

产品体验设计从根本上是最大程度上以"人"为出发点的设计，但是和其他以人为中心的设计不同的产品体验设计更多考虑的是产品设计和使用非物质因素（如产品人道关怀和用户心理的满足）来刺激一个人的内心的感觉。

第三节　品牌体验管理

一、品牌

（一）品牌的定义

"品牌"一词源于古斯堪的纳维亚语"brandr"，意为用加热的铁在牲畜上燃烧的识别标记。虽然"品牌"一词被广泛应用于市场营销中，但是理论界对品牌的定义尚未达成统一的认知，不同的理论学派对品牌有着不同的定义。

美国市场营销协会于1960年将品牌定义为"一个名称、术语、设计、符号或它们的组合，以将其与竞争对手的商品或服务区分开"。品牌是区别于竞争对手（或未来竞争对手）的一种手段。该定义侧重有形的品牌属性，但它未能在品牌理论中引入无形品牌属性，因此美国市场营销协会于1995年更新了对品牌的定义：一个名称、术语、设计、符号或任何其他可识别的功能，以将其与竞争对手的商品或服务区分开。新的定义中增加了"任何其他功能"，使得品牌不再局限于有形要素。

品牌价值理论将品牌定义为价值系统，品牌价值研究学者认为，品牌的选择与决策受五个消费价值的影响：功能价值、社会价值、情感价值、认识论价值和条件价值。

功能价值，即产品（或服务）与其替代产品相比的效用水平；社会价值可以描述为取悦他人的意愿和社会认可度；情感价值表示为根据感觉和美学做出的选择；认识论价值可以用来描述较早的采用者，因为它与新颖性或知识搜索行为有关。条件价值是指根据条件而定的一组情况。

大卫·艾克是品牌个性研究领域中最早使用归纳法对品牌个性进行研究的知名学者，并提出了品牌个性量表。该量表的全面性和系统性使其应用的范围非常广泛，是品牌个性研究领域最有影响力的量表。

品牌关系形成的一个必要条件是品牌的个性，具有个性的品牌能够在与消费者不断互动的过程中与消费者建立一种长久的关系。如果一个品牌被人格化了，那么消费者不仅能够感知它的存在，还会与这个品牌产生一定的关系。一个成功的品牌可以被描述为在客户和公司之间有着十分牢固的关系。

虽然有大量的学者投入品牌研究的领域，但是目前对品牌尚未有统一的定义，因此如果想要对品牌的本质有深入的研究，需要将不同理论学派对品牌的定义综合起来，尽管不同的学派对品牌的定义有重叠，但是每一种定义都对品牌内容的丰富和发展起到了一定的作用。

如今，品牌理论研究也已成为热点，我国品牌研究知名学者余明阳教授近年来完成了与品牌管理相关的一系列著作，并连续多年发布中国品牌报告，从实践和理论两个方面关注了我国品牌的发展历程。

（二）品牌要素的构成

英国学者莱斯利·德·彻纳东尼从品牌的内部结构研究品牌的构成要素，提出了品牌构成要素模型——原子模型，该模型是将品牌的有形元素和无形元素以及它们之间的关系进行结合的模型之一，并从以下九个方面对品牌进行概念化：功能、形象特征、服务、专有名称、所有权、速记法、法律保护、降低风险和战略方向。首先品牌的形成以独特的名称开始，并会受到公司声誉或所有权标志的影响。品牌的功能性得到消费者的认可后，服务组件便成了与消费者建立更持久关系的关键要素。法律保护用于阻止竞争侵权，象征性特征使品牌具有个性，使其更难以复制。随着消费者对品牌信心的增强，消费者会有意识地将该品牌介绍给他人，从而使品牌成为降低风险的工具，让该品牌产生独特的附加价值，并成为一种有效的速记符号，能够帮助消费者快速决策。品牌的战略方向要素在品牌的所有要素中居于最高的位置，是对所有元素进行整合的重要因素。

由于品牌是在组织内部进行构想的产物，其成功取决于消费者的看法，因此，"双涡流"品牌模型的左旋涡流专注于建立品牌的管理者，而右旋涡流专注于消费者对品牌的认知。左旋涡流是在原子基础上构造的。在公司内部，管理人员通过决定其愿景、使命和相关价值，并结合公司的文化和传统来打造自己的品牌，然后，通过整合了七个或多个资源要素中的一些或全部资源来实施这些战略驱动力。通过了解战略驱动因素和消费者行为，可以确定资源要素的适当平衡，随着公司品牌战略的变化，各种要素的重要性也发生变化，视觉表示不再意味着七个资源要素（命名策略、功能能力、服务、降低风险、个性、法律手段和清晰的沟通者）均相等；右旋涡流表示的是消费者对品牌的评估，这些基于消费者的评估与品牌的定位和个性目标有关。消费者的理性和情感评价相互影响，从而影响他们的信心。这些维度的重要性将随产品领域、消费者细分和消费情况的变化而变化。

此外，随着消费者经验的增多，他们对这两个方面的信心可能会增加。随着时间的流逝，品牌在消费者心中的地位越来越牢固。消费者对品牌的看法越好，建立信任关系的可能性就越大，从而进一步增强了积极态度，这样的整体效果将提高品牌对所有利益相关者的价值。

"双涡流"品牌模型鼓励经理人采取更为平衡的品牌构建方法，因为一旦他们使用左旋涡流完成了品牌计划，就需要进行市场研究，以评估消费者对他们意图的看法。通过用户调研，可以确定经理对品牌的意图与消费者在右旋涡流中感知品牌的方式之间的差距，然后在必要时进行适当的纠正，从而建立用户心目中的理想品牌。

我国学者对品牌的研究也有一定的成果，首都经济贸易大学教授汪秀英对品牌的构成进行了深入的研究，提出了品牌构成的五个要素，并对五个要素包含的内容进行了详细的阐述，她还指出不同的要素之间是相互关联的，每个要素都无法脱离其他要素而独立存在，正是不同要素之间的相互作用形成了品牌这一复杂的综合体。

品牌构成五要素理论比较综合地涵盖了能够影响品牌的各种要素，并且考虑到了品牌的动态特性。因具有全面性和系统性，所以品牌构成五要素理论又被称为全面品牌要素理论。但是该理论在某些方面仍然存在一些不足，首先其对品牌基础要素的划分具有一定的局限性，因为品牌可以脱离产品而独立存在，其次品牌传播应该属于品牌营销的范畴，是品牌推广、宣传的手段，而不是品牌本身的要素。该理论虽然非常全面，但是不够准确、精细。

（三）品牌构建的内涵

无论是对消费者而言还是对企业而言，品牌可以说是现代较为热门的关键词之一。以往消费者和企业之间的对立状态在品牌的作用下得以化解，品牌不仅提升了消费者的价值，给其以情感归属和依赖，更为重要的是品牌为企业带来诸多利益。

品牌构建是品牌营销传播活动的综合体，如企业战略的规划、品牌体系的建立、品牌形象的塑造、营销整合的促进以及公司需要完成的各种创新传播场所，以便在业务发展的过程中占领市场。虽然品牌构建与品牌建设这两个概念经常被学者视为同一个概念，但是两者的侧重点是不一样的，品牌建设侧重微观的内容，而品牌构建则侧重宏观策略的研究。

对于品牌构建的研究主要分为两种：一种是偏重品牌有形要素的构建，另一种是偏重品牌无形要素的构建。公认的对营销沟通与战略品牌管理进行综合研究的国际先趋者之一凯文·莱恩·凯勒认为，品牌构建的重点应该放在品牌有形要素，如包装、品牌标志、品牌名称、图标和形象等的构建上。也有其他学者偏重于企业无形要素，如品牌的个性、价值、愿景和使命等的构建。

在品牌构建的过程中，不仅要对品牌的构成要素进行科学化的运作，同时也必须考虑市场的需求，是否满足市场的需求是衡量一个品牌是否具有价值的重要标准；除了市场的需求，还应考虑消费者的倾向，无论处于品牌构建的哪个阶段，都应该及时对消费者进行充分调研。在品牌构建之前进行调研，能够帮助管理者明确品牌的定位，在品牌构建之中进行调研能够帮助管理者及时对品牌的构建策略进行调整。

因此，一个品牌的成功绝不是偶然性事件，而是管理者在构建品牌之前就已经将品牌涉及的各个方面进行了综合考虑。同时，品牌的构建并不是一朝一夕的事情，需要企业的管理者在正确的方向下付出持之以恒的努力，这种努力是在客观的数据支撑下的努力，而不是管理者的主观倾向。

（四）品牌构建的模型

企业的管理者为了提升品牌构建的效率，开发了一些品牌构建的工具，在品牌要素的构成中介绍了一种品牌要素模型——"双涡流"品牌模型，该模型本质上也是一种品牌构建的工具，为管理者提供了一种品牌构建的方法。

基于消费者的品牌价值模型也是品牌构建领域著名的模型之一，该模型的提出者是凯文·莱恩·凯勒，该模型主要通过两个方面进行说明：一方面，品牌的构建需要哪些要素；另一方面，如何通过这些要素构建一个强势的品牌。此构建模型提供了四个步骤来创建强势的品牌：第一步是创建清晰的品牌标识以提升品牌的差异性，使得企业可以根据品牌特征有效地推广自身的品牌；第二步是创建独特的品牌内涵，公司可以充分利用产品的特性来创建强大的、深受消费者喜爱的品牌，并将它们与能引发消费者兴趣的品牌内涵相关联；第三步，激发消费者的积极情绪，促进消费者对品牌做出正面的评价。在此过程中，品牌应采取一些措施让消费者以发展的眼光来评估品牌，提升消费者对品牌的正面认知；第四步是建立消费者与品牌的共鸣关系，建立更高的品牌忠诚度。在建立基于消费者的品牌关系时，企业需要将品牌的文化融入品牌的发展与成长中，提升消费者与企业的沟通成效，并建立持续的品牌忠诚度。

基于消费者的品牌价值（customer-based brand equity，CBBE）模型（图 1-1）是打造强势品牌的关键工具。CBBE 模型偏重于消费者的需求，通过关注消费者的需求从而构建品牌的独特性为消费者和品牌建立积极有效的沟通方式，从而为企业创作价值。

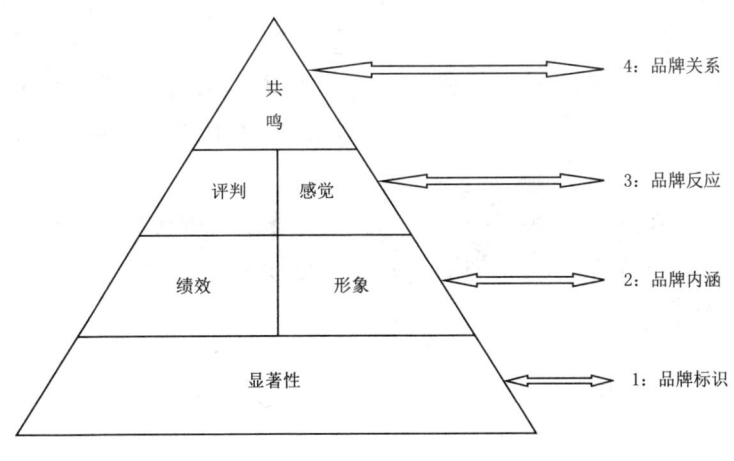

图 1-1　CBBE 模型

产品品牌的框架和企业品牌的框架之间的差异首先被玛丽·乔·哈奇和马伊肯·舒尔茨提出，鉴于两者之间的差异，他们提出了企业品牌构建的框架，该框架基于三个要素：战略远景、组织文化和企业形象。他们认为，构建企业品牌涉及阐明和协调这三个要素，这需要在高层管理人员、外部利益相关者和组织文化成员之间建立有效的对话才能实现。考虑公司品牌涉及多个利益相关者的事实，西蒙·诺克斯和戴维·比克顿扩展了此框架以包括第四个变量：从组织的当前形象和当前文化的角度来看组织的竞争环境。

同时诺克斯和彼克顿确定了构建企业品牌的六个惯例：了解品牌的定位（品牌背景）；根据客户和品牌定位确定利益相关者的价值（品牌建设）；品牌与其他品牌的衔接方式及其所有受众（品牌确认）；通过其渠道沟通（品牌一致性）；将业务流程与公司品牌保持一致（品牌连续性）；持续监控和管理品牌的能力基础（品牌调节）。

哈奇和舒尔茨提出的企业品牌构建模型给出了一个企业品牌的宏观架构和一些指导原则，为品牌构建理论提供了新的思路，但是该构建模型未能提出构建企业品牌的具体操作步骤，对管理者而言时间价值相对较低。但是，该理论细化了品牌构建理论，将企业品牌和产品品牌明确地区分开来。

我国学者窦均林通过对品牌构建要素的深入分析，提出了一种简便的品牌构建模型——"1-3-1"品牌构建模型，如图 1-2 所示，此模型把品牌构建的五大关联方——产品、传播、有形识别要素、无形区分要素以及创新的关系进行了整合。模型指出构建品牌的第一步是，根据产品的需求和预期品质提升产品的质量，并在此基础上对一些有形识别要素进行构建，如名称、标志、广告语、形象代言人等。然后是对品牌的个性、文化、价值等进行构建，而品牌无形区分要素的构建必须结合企业的价值观与愿景、用户的需求和产品本身。品牌要素构建完成后，需要通过广告、公共关系等手段对品牌进行传播，将品牌的内容传递给消费者。

"1-3-1"品牌构建模型是一个简单且易操作的品牌构建模型，该模型立足于品牌的主体——企业，以品牌构建的关键步骤为核心，同时兼顾了品牌的有形要素和无形要素。

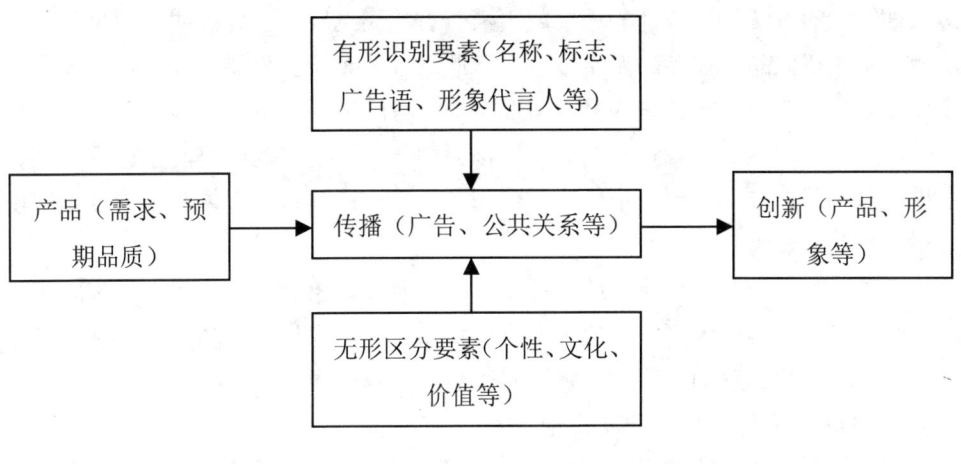

图1-2 "1-3-1"品牌构建模型

二、品牌体验

(一) 概念界定

1. 品牌体验的概念

施密特将体验定义为"主观的、内在的消费者反应（感觉、知觉、认知）和由相关品牌刺激物所引起的行为反应"。而施密特和布拉克斯在2009年合作的研究中提出品牌体验的定义是"由品牌设计、品牌识别、包装、沟通和环境等和品牌相关的刺激物激发的主观的、内部的消费者的反应（感官、情感和认知）和行为反应"。

品牌体验是消费者在购买和使用产品过程中的复杂心理和行为反应，其客观内容是与品牌相关的一些要素，即品牌体验要素。品牌体验要素是消费者对某产品品牌购买前、购买过程中和购买后的三个阶段体验和感知的客观物理要素，是消费者品牌体验的客观内容。

2. 品牌体验主要理论

华洛普等为了达到为消费者决策以及商标政策等方面提供参考的目的，对消费者的信息学习周期及其在品牌体验中是否具备学习辨别能力进行了研究。有学者以百货商场为研究对象，发现共存在三个主要维度对顾客体验产生影响。这三个维度分别为"顾客维度、情境维度和交通维度"。

克里特尼以泰国购物中心的商店负责人和顾客为研究对象，研究使消费者获得某种体验的方法,这种体验完全超出消费者的满意度。研究表明,满足消费者期望是企业建立品牌体验的要素之一,除此之外,企业不仅要拉动消费者需求,而且要鼓励消费者参与其中并努力增强与消费者的友好关系。

沙龙选定哈雷戴维森这一品牌,以该品牌的体验重构为研究对象进行研究。结果表明,品牌在日常消费中所起的作用与日俱增,并且品牌体验在差异化市场策略中扮演重要角色。

除了以哈雷戴维森这一传统摩托车品牌为研究对象之外,沙振权、蒋雨薇等以汽车网络社区会员为研究对象来研究虚拟品牌四个变量之间的关系,这四个变量是"社区体验、感知易用性、感知有用性和品牌认同"。

(1)消费者体验的三层次理论

国内外学者将体验的定位分为三个不同的层次,分别是需求满足、容易性以及愉悦程度。当消费者对同一件品牌产品或服务进行互动交流时,消费者关注的重点内容是该项互动能否给他们带来一定的利益,能否满足他们日常的生活所需,他们需要在这项互动中付出多少努力,以及在这个过程中他们能获得的愉悦程度。消费者体验金字塔如图1-3所示。

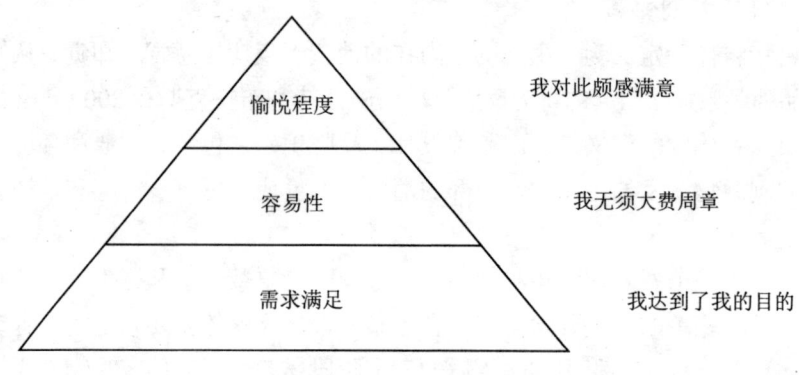

图1-3 消费者体验金字塔

由图1-3可知,在消费者体验金字塔的最底层,消费者希望自己的需求能够得到满足,达到自己的最终目的;在消费者体验金字塔的中层,消费者希望自己在品牌体验的过程中能省时省力,不喜欢大费周章;消费者体验金字塔的最顶端是消费者对品牌体验的态度,消费者对此过程非常满意并能够从中获得愉悦的感受。

(2)消费者体验的四层次理论

消费者生活的世界广义地分为四层,一般的顺序是从外向内,直到最具体的品牌体验层次:①在消费品市场,广义的体验与消费者的社会文化或商务环境相关联。②品牌的使用过程和消费者所处的消费环境提供的体验。③不同的产品品类为消费者提供的不同的品牌体验。④产品或品牌本身提供的体验。品牌体验的四个层次如图 1-4 所示。

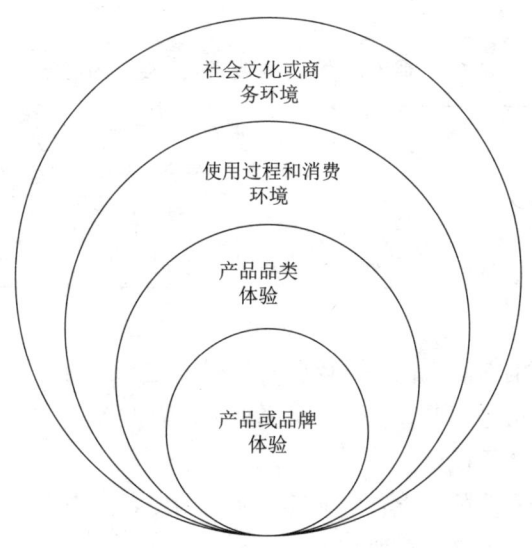

图 1-4　品牌体验的四个层次

品牌体验的过程中包括各种静态因素，如产品本身、产品的包装、品牌标志、用于品牌宣传的材料和广告等。无论是在工厂和市场部制作还是向外部购买，这些因素都是静态的，公司将这些静态因素传递给消费者。品牌体验不是在消费者与品牌接触时产生的，即品牌体验不是完全动态的。在某些情形下，消费者既有静态的品牌体验也有与品牌接触的互动式的动态品牌体验。在店内，消费者既会遇到店内的设计、店内装潢和广告等这些品牌体验的静态因素部分，也会在与店内服务人员接触时遇到品牌体验的动态因素部分。随着互联网的发展，网上体验作为新型的综合体验逐渐走进人们的日常生活，而任何网站的品牌体验既有静态体验因素，也有动态体验因素。

（3）感官体验理论

感官体验即知觉体验，是指在体验式营销的过程中充分利用视觉、听觉、触觉、味觉与嗅觉等知觉器官。而视觉在所有知觉体验中处在首位，因为它通常决定着消费者对产品的第一印象。视觉产生的过程是由外界环境刺激导致人们进行选择的有意义的体验，并不单纯是感官的第一印象，它反映了消费者的基本心理过程。很多企业在营销活动中，以自己对产品陈列、宣传布局的审美代替消费者可能的审美观，而不去深入调查，导致不能产生眼球效应，甚至盲目追求个性化，所陈列产品不能给消费者以美的享受，从而降低了消费者的体验度。视觉冲击力直接影响消费者对产品的反应。消费者的反应随视觉效果的变化而变化，具体如表1-1所示。

表1-1　消费者的反应随视觉效果变化的情况

视觉效果	消费者的反应
太平淡	产品质量有问题
太多修饰	物非所值
太花哨	展示效果和体验效果差别太大，没有购买兴趣

如果企业在给消费者提供视觉体验的过程中过于强调产品的视觉效果，而不对消费者的真实想法进行调查研究，会降低消费者的体验度，消费者不会对相应的品牌产生偏好和购买欲望。

味觉是消费者本能的感觉，它能够迅速给消费者带来第一手的具体体验，帮助消费者告诉自己对产品的需要程度。因此，在食品类的商品营销中，保证消费者味觉体验必不可少。味觉冲击力直接影响消费者对产品的反应。消费者的反应随味觉效果的变化而变化，具体如表1-2所示。

表1-2　消费者的反应随味觉效果变化的情况

味觉效果	消费者的反应
平淡	感觉产品没有特色，找不到购买的理由
适当	认同产品质量，可以考虑购买
强烈	觉得产品令人印象深刻，强烈希望购买

如果在消费者品牌体验的过程中产品传达的信息是令人兴奋、愉悦的，那么消费者会产生一定的品牌偏好进而选择产品；相反，如果味觉系统的反应是不被认可的，那么消费者会放弃购买该产品。

（4）情感体验理论

①情感体验是用户体验的最高形式。从情感的本质看它与体验存在较多相似之处，体验被定义为"人的具体性存在"，是"个体对某些刺激做出的反应"，而情感是"人的基本存在范畴"，是"主体对外界刺激给予肯定或否定的心理反

应"。综上所述，在本质上情感与体验相似性很大，并且伴随一个人的整个生命历程。

体验有很多种分类方法，派恩等将体验分为四种类型，分别为"娱乐、教育、遁世、审美"。施密特将体验划分为五种类型，分别为"感官、情感、思维、行动、关联"。有些学者认为情感是最高级别的体验，是体验的终极表现形式。而除情感之外的其他类型的体验是体验产生的诱因，这些类型的体验在产品体验性设计中发挥着重要的作用。此外，将这些类型的体验应用于产品体验设计中，也是一种设计手段，这种设计手段能使消费者有效获取情感方面的体验。寻求使消费者充分体验产品的设计方法实质上是研究产品设计中的情感体验。一种产品只有注重在情感体验上进行产品设计，才可以称为真正的人性化设计，充分体现了对人类情感需求的尊重。

②三种层次的情感体验。情感作为人们日常生活中的组成部分，对人们的感知、行动和思维都产生一定的影响。在我们认知理解不同产品时，情感通常会发挥作用，它有助于消费者对这些不同的产品进行选择及评价。在产品设计的过程中，产品通常被看成认知和情感的有机组合体。产品情感体验方面的诉求范围比较广泛，既可以是温和的、柔情的情绪，又可以是欢愉、自豪与激烈的激动情绪。

认知心理学家唐纳德·诺曼对产品设计与设计的目标进行了研究，将情感体验分为三个层面，依次为本能层次的情感体验、行为层次的情感体验及反思层次的情感体验。本能层次的情感体验是产品独特的设计给予人类的感官刺激。行为层次的情感体验是指消费者学习相关使用技巧并能灵活应用解决实际问题，在此过程中消费者也会获得相应的成就感。反思层次的情感体验是指在本能层次的情感体验、行为层次的情感体验的基础上，消费者的意识、情感和经历等因素对他们心理产生的更深层次的综合影响。大多数学者研究证明，"消费者最终是怎样享用一项设计的"可以被理解成"消费者最终是怎样获得体验的"。这有助于专家和学者对消费者在产品刺激下产生的情感体验进行进一步的调查研究。

一是本能层次的情感体验。本能层次的情感体验的设计原理植根于人类的本能，包括很多流行的时尚元素，这些元素在人和人、文化和文化间保持一致。本能层次所处层次在意识思维层次之前，视觉、触觉、听觉等物理特征在本能层次中起到支配作用，因此与本能层次的情感体验产生直接联系的是产品的最初效果。这些最初效果包括形状、色彩、质地等。即刻的情感效果与体验在产品的最初设计过程中发挥着较大作用。如果消费者对产品的形状、色彩、质地都比较满意，会使他们初见产品时就对其产生感觉。在此基础上，消费者会对产品的价格、使用方式、适用范围等方面进行综合考虑。产品设计在本能层次上应得到消费者由衷的认可。在现实生活中，许多民间艺术或者广告作品都包括本能层次的设计，它们并不富丽堂皇，却可以让人们在初见时心情愉悦。

二是行为层次的情感体验。消费者行为层次的情感体验会随着他们使用产品的感受不同而发生改变，而产品的功能、性能及其可用性与消费者使用产品的感受息息相关。

产品的功能是指产品能用来做什么，它能完成哪些工作活动。产品的价值取决于它的功能，或者说它能给消费者带来哪些益处。产品的性能是指产品实现相应的功能时效率的高低。如果产品实现相应的功能时效率较低，那么其性能是不足的，需要进一步改进，否则产品是有缺陷的。产品的可用性是用来描述产品使用者理解产品具体使用方法容易与否的程度。消费者之所以会产生消极情感体验，是因为他们在应用产品时感觉到困惑或不悦。与此相反，消费者产生积极的情感体验是建立在产品能够充分满足消费者需求，消费者在使用该产品时能够轻松实现既定目标的基础之上的。优秀的行为层次的产品设计要把人作为根本出发点，充分考虑消费者对产品的真正需求。

三是反思层次的情感体验。反思层次的情感体验是建立在本能层次、行为层次情感体验的基础之上的与消费者的意识、情感和经历等因素综合作用，最终在用户心中产生的更深层次的影响。本能层次的情感体验更多地关注产品的形式，行为层次的情感体验更多地关注消费者在使用产品过程中的感受，而反思层次的情感体验能充分说明产品所蕴含的深刻意义。产品的意义与其形式和功能相比更加抽象，看不见摸不着。所以，消费者在借助产品的形状与功能的条件下能够感知产品的意义。虽然反思层次的情感体验在本能层次的情感体验、行为层次的情感体验的基础之上产生，它却高于本能层次的情感体验与行为层次的情感体验。

（二）品牌认知

中外学者对品牌认知的研究并没有达成共识，有的学者将品牌认知翻译为品牌知晓度、品牌意识等。大卫·艾克首次提出品牌认知的概念，他认为顾客对品牌的认识程度即品牌认知，具体地，顾客对品牌的肢体感觉、记忆、期望、喜好等都会影响对品牌的认识程度，进而形成对品牌的认知。与此同时，品牌自身的特点和属性也会对顾客的品牌认知产生正面或者负面的影响。

1.品牌认知的概念

品牌认知的研究大多与品牌资产联系在一起,很多学者将品牌认知归为品牌资产的研究范围。大卫·艾克提出了构成品牌资产的五星理论,其中论证了品牌认知在品牌资产中的重要程度。凯勒认为,品牌认知是品牌资产的核心要素。同时,他还开创性地将品牌形象归入品牌认知的范畴。凯勒在以前提出的品牌认知理论研究的基础上,进一步将品牌认知的概念向更广义的方向延伸,即品牌认知并不只局限于品牌知晓度和品牌形象,它还包括各种与品牌相关的信息。

目前,我国的学者对品牌认知的研究基本以凯勒和艾克的研究成果为基础进行进一步的延伸。于春玲认为,品牌认知是品牌资产的重要构成要素,在顾客的购买过程中扮演重要角色的是品牌认知。有学者认为,客户对品牌的认识、接受以及记忆即品牌认知。马鸿飞、崔文月将品牌认知和品牌体验的概念结合起来研究,认为品牌认知就是顾客对品牌的独特属性的体验和感知,从而提高顾客对品牌的识别能力。李春梅的研究表明,顾客对品牌的认知包括品牌联想和品牌忠诚。马述忠、徐陆颖的研究与马鸿飞、崔文月的研究角度类似,同样是通过顾客体验的角度研究内在的感知对品牌认知所起到的作用。他们认为不同的品牌有不同的品牌属性,顾客通过感知这些品牌独特的属性来区分不同的品牌。

综上所述,目前对品牌认知的研究基本在凯勒和艾克的研究基础上进行。品牌认知是由两个主要因素构成的,即品牌知晓度和品牌形象。国内外的学者站在不同的视角,运用不同的分析方法对品牌认知进行深入分析。例如,李东进从信息搜寻的角度进行研究,克拉克等利用面板数据对品牌认知进行了具体的数据分析。有学者将品牌认知和品牌体验结合起来研究,但是仅研究了品牌体验在品牌认知过程中的辅助作用,并没有系统地研究两者的作用关系。因此,品牌认知和品牌体验的关系是一个值得研究的方向。

2.品牌认知的维度测量

凯勒对品牌认知的概念进行了进一步的研究,最终将其划分为两个维度,即品牌形象和品牌知晓度。随之又将其概念进行进一步的细化,即将其分为品牌回忆和品牌识别。品牌回忆是指顾客在购买商品以及再购买的过程中对该品牌的记忆程度。品牌识别是指该品牌特有的属性,区别于其他品牌的程度。品牌形象是构成品牌认知的基础,其是指所有与品牌相关的因素的节点集合,包括以下四个子维度:品牌联想的类型、品牌联想的偏好、品牌联想的强度和品牌联想的独特性。

艾克研究认为，品牌认知的内容包含多方面的因素，即品牌联想、品牌质量和品牌忠诚度等。还有其他学者在已有研究的基础上，对品牌形象的细分进行了研究。比尔将品牌形象细分为两个维度，分别为固定形象和可变形象。其中固定形象是与品牌自身相关的、固定的功能属性，可变形象就是指随着顾客和环境的不同而不同的品牌特殊属性。

李静和金永生通过研究提出品牌认知有以下三个维度：关联性认知、非关联性认知和信誉形象。这种品牌认知维度的分类方法虽然有一定的依据，但是缺乏足够的实证依据以及理论完整性。康庄和石静通过研究表明，品牌认知分为价值认知和形象认知。其中，价值认知是指品牌的实用价值，而形象认知则是指品牌内在的特殊属性。

国内外其他学者同样对品牌认知的维度进行了不同角度的研究。品牌认知的维度如表1-3所示。

表1-3 品牌认知的维度

研究者	维度
陈云岗	服务认知、产品认知、组织认知
黄合水	具体到品牌形象的维度划分，认为品牌形象可以分为内容形象和特征形象
王海忠	在品牌知晓度和品牌形象的维度划分基础上，结合中国顾客的特点，进一步进行了子维度的细化
古安伟	品牌功能、品牌体验、品牌象征
陈祝平	品牌了解、品牌记忆、品牌识别
马丁	感觉质量、感觉价值、品牌形象、品牌信任、品牌承诺
夏尔马	感觉表现、感觉价值、社会形象、品牌信任、品牌认同

综上所述，国内外学者对品牌认知的维度划分基本认同凯勒的品牌知晓度和品牌形象两个维度。

（三）品牌体验的影响作用

1. 品牌体验与忠诚度

伊格莱西亚斯等分析了品牌体验和品牌忠诚度的直接和间接关系，将情感承诺作为部分中介变量。本书使用定量研究的方式对假设进行检验，数据来自汽车、电脑和鞋类分别代表的几大行业,通过网络和纸质问卷进行采集,建立结构方程模型进行检验,数据结果显示了情感承诺在品牌体验对品牌忠诚度影响中的中介作用。营销学者和管理者都知道,消费者在寻找能够为他们带来独特记忆和体验的品牌,因此营销学者对品牌体验的概念非常感兴趣。

2. 品牌体验与态度

梅森等研究了信息搜索和产品品类体验对品牌评价与品牌态度的影响,本书使用了多维度方式分析消费者判断的准确性,研究结果发现,消费者的产品体验与其属性关系图式直接相关,进而能够提高品牌和属性评价的准确性。尼德里奇和斯温研究了品牌体验的先后顺序对品牌态度和品牌偏好的影响,基于消费者行为学对先进入者优势的两大基础解释——基于顺序的解释和基于图式的解释,提出了一个具有中介变量的先进入者优势解释模型,两大基础解释理论都得到了验证。

3. 品牌体验与选择行为

莫里森和克兰认为,由于情感性体验对消费者的选择和满意度具有重要的影响,很多市场营销人员想依靠情感体验提高产品的品牌价值。而服务更容易和消费者建立情感性联系,服务性品牌可能更容易借助情感性品牌体验来提高自己的品牌价值。本节就如何建立强势的服务品牌提供了情感性体验角度的实践指导。

扎拉同尼洛和施密特通过对实际消费环境的调查与消费者进行接触,把研究问题界定在是否不同的消费者偏好会产生不同的体验诉求,是否体验的类型能够对品牌态度和购买意向之间的关系产生调节作用上。其研究发现,消费者体验有五种类型,即享乐主义型、功利主义型、面向行动型、面向自我型和整体兼顾型。体验类型对品牌态度和购买意向之间的关系具有调节作用。

三、品牌体验管理策略

(一)为顾客创造可体验的价值

每个顾客从获悉产品品牌到获得产品、使用产品、丢弃产品的过程,称为顾客活动周期。企业应认真研究顾客活动周期的每一个阶段,考虑能否在某一阶段引入新的产品或服务,为顾客创造价值,以便使顾客获得良好的消费体验。例如,海尔空调的服务人员发现在安装空调时,尘土飞扬,会致使消费者不满意,在"顾客的问题就是我们的课题"的营销文化指引下,他们发明了无尘安装法,得到了广大顾客的赞誉,也使顾客又一次体会到了海尔品牌的深刻含义。

营销人员可以考虑：顾客在获取有关产品信息的阶段，如何使顾客方便地获取有关产品的信息；在顾客做评价、选择时，如何给顾客以有效的指导；在顾客决定购买产品时，如何使顾客方便购买和买得放心；产品如何向顾客交付；如何送达、安装；付款方式如何；如何指导顾客使用、维护；如何进行维修以及顾客不再使用时如何帮助其处理等。顾客的品牌体验来自其活动周期的每一个阶段，营销人员的主要任务是在每一个阶段通过营销努力为顾客创造价值，使顾客满意。

（二）管理"真实瞬间"

真实瞬间，是企业有关人员与顾客在特定地点和时间的互动，既是顾客的体验机遇，也是营销人员向其展示服务的机遇。真实瞬间之所以重要，是因为一旦真实瞬间出现问题，将无法补救，消费者的不满将由此产生。例如，顾客与企业的接线员接通电话，试图了解有关产品的信息和服务，电话的接通速度，接线员的问候、态度，以及有关产品、服务的解答，就是一系列"真实瞬间"，它关系到顾客体验的满意程度。顾客到商场选购产品，促销员讲解和示范，也是一个"真实瞬间"；送货人员的送货、安装，同样是一个"真实瞬间"；顾客投诉时，服务人员的态度、处理方法和处理过程，又是一个"真实瞬间"，等等。顾客的品牌体验是由一个个"真实瞬间"连接起来的。企业应了解这些"真实瞬间"，针对不同"真实瞬间"的特点制定行为规范，使有关人员与顾客的互动能给顾客留下美好的回忆。

（三）履行承诺，创造顾客满意

企业在各种场合给予顾客的承诺，必须很好地履行，"言必行"，这关系到企业的信誉。如果企业不能很好地履行承诺，将会使顾客失望，导致顾客的不满。所以，企业应树立的经营观念是，一切经营活动的起点和中心是顾客，企业的使命是为顾客创造价值，其生产经营过程就是不断满足顾客需要的过程，利润只是顾客对企业的奖赏和回报，创造较高的顾客满意度是市场营销所追求的至高境界。很多成功的企业都在推行顾客满意度战略。要使顾客有良好的品牌体验，企业必须推行顾客满意度战略。当然，顾客满意度战略的推行，需要建立一套行之有效的运作体系和规范，并需制定监控措施，如顾客满意度衡量、顾客流失原因分析等。

第四节 员工体验管理

一、员工体验

（一）员工体验的概念

"员工体验"这一概念本身是从市场营销学中的"客户体验"的概念延展而来的，这一借鉴市场营销学而运用于人力资源领域的新的实践正在广泛被全球领先企业使用，客户体验本身的定义是企业的行为对客户满意程度的显著影响。客户体验与客户满意度之间的关系，已经在很多前人的文献与研究中得到了充分与肯定的证明。与良好的客户体验能够为企业带来顾客忠诚度，从而为企业带来持续的营业利润一样，绝大多数企业认为良好的员工体验能够正向影响员工的敬业度，进而影响员工的绩效，对公司整体业绩改变有重要影响与意义。

当前，学术界对客户体验主要有以下几类研究范式，包括体验情境论、流体验论、体验二元论、体验双因素论和战略体验模块论。李建州指出，客户体验对客户满意度的影响是显而易见的，但是会受到客观物理环境与主观人际交互环境的双重影响，并且后者的作用更加关键。梅雷迪思·戴维斯等也指出，客户的感知体验，包括享乐、实用以及情感体验对其表现出满意行为有着显著的解释效应，情感体验所体现出来的正向影响效果更加显著。史密斯和斯温·雅德从客户体验对客户忠诚度影响的视角出发，聚焦于客户体验的价值创造潜力上，其研究成果表明客户体验越高，越能促进二次消费，从而增加企业的经营绩效。马连福从行为的视角出发，指出客户体验较高将促进客户满意度的提升，进而在消费行为方面也会产生正向的意愿刺激效应，从而构建起更加全面的客户忠诚度、口碑以及重复购买等行为体系，提高市场占有水平。

现有关于客户体验与客户忠诚度的研究为探索员工体验及其与员工敬业度之间的作用机理提供了理论依据与实践方向。结合贝里、茹阿玛等以及约瑟夫的内部营销理论，员工体验的相关概念及研究便呼之欲出，并逐渐成为领域内的研究热点。科特勒将客户体验的概念带入组织内部管理工作中，指出内部营销的关键在于对员工的培养与激励，通过合理配置员工才能，激发内部人才的生产效率和创造力，为客户提供更加卓越的产品及服务。同时，随着现代营销管理与组织管理发展脉络的不断演进,理论和实践层面都开始越发关注"人本主义"。企业和员工雇佣关系的发展逐渐从早期的"企业雇佣员工"到"员工授权",再到当下的"企业与员工结盟",这种转变揭示了员工体验逐渐成为企业人力资源管理的核心,之后不断有学者对员工体验的定义进行补充与完善,曾静与李敏指出,员工体验是一种无形的柔性或者员工软性的心理感受,其广泛分布在员工的职业发展路径、预期收入水平和生活品质提升等方面。而李焕荣等的研究表明,员工体验最核心的部分包括员工在岗位中所能持续获得的快乐感知、尊重感知、价值感知以及晋升感知四个方面,只有感知越发充分地被满足,才能最大限度地提升个人的生产效率,进而提升企业的经营绩效。

值得注意的是,员工工作体验与员工满意度之间存在明显区分,根据期望理论的观点,员工满意度是指员工对工作的期望、员工的价值观以及员工的需求相互作用的结果,员工满意度不仅包括员工对工作、岗位的总体感受,还囊括员工在工作过程中包含制度、情感、人际关系在内的多方面心理评价,它是一个更加综合的概念。

员工工作体验与情感体验、制度体验一同构成了工作满意度的内涵,因此工作体验更加关注员工在其特定岗位职责的约束和规范下,通过自身经历与心理预期的结合,得到的对工作内容及自身能力的综合性评价。另外,员工工作体验与高绩效人力资源实践也存在一定概念上的区分。前者主要是指对员工在完成工作要求或履行岗位职责的过程中所表现出的经验与期望之间感知差异化的评价,聚焦于员工与岗位的匹配这一维度;而后者主要是指具有高绩效的人力资源管理实践,强调通过一系列的人力资源开发、利用和优化手段提升企业内部员工的工作效率,着眼于企业整体人力资源管理效率提升这一层面,它涉及的内容比前者要宽泛,也更多元化。

(二)员工体验的要素及测量

根据员工体验的定义,对于员工体验的具体测度设计需要同时从员工的物质感受和精神反馈两方面出发,进行全面而细致的延伸与拓展。具体而言,驱动员工体验形成的因素主要包括情感和工作两方面,前者的代表性测度有"利弗林公司的优秀工作场所模型",其中具体包括"尊重""公正""相信""自信心"以及"乐趣"五个方面的测度内容。后者的代表性测度主要有韦莱韬悦公司提出的3个关键维度和12个重要评价要素模型,分别覆盖在企业整体、工作团队、员工个人3个关键维度,12个重要评价要素分别为组织体系、领导力、沟通与协作、持续改进和创新、文化和品牌、直线领导、绩效管理、团队合作、工作环境、工作本身、薪酬福利和职业发展。

此外，也有研究从员工体验的整体概念出发，通过对已有量表的整合与提炼，提出了包含"工作内容""管理层""工作环境""成长机会"以及"领导"等五个方面的量表维度。德勤公司在此基础上，进一步将上述五大维度逐一分解成各个评价要素，其中，"工作内容"维度包含自主性、适配选择、小而授权的团队、放松的时间；"管理层"维度包含清晰、透明的目标，辅导，对经理人员发展的投资，敏捷的绩效管理；"工作环境"维度包含灵活的工作环境，人性化的工作场所，获得赏识的文化，公平、包容、多样化的工作环境；"成长机会"维度包含工作中的培训与支持、更多的人才流动、自我主导的动态的学习、高影响的学习文化；而"领导"维度包含使命与目标，人员的持续发展，透明和诚信，激励。

二、员工体验管理的提升策略

（一）企业决策者应转变思想

人力资源管理作为现代管理思想的一部分，把人当作一种使组织在激烈的竞争中生存、发展，始终充满生机和活力的特殊资源来刻意挖掘、科学管理。从强调重视对物的管理转向对人的管理，是管理领域中一个划时代的进步。

企业的大部分决策者还没有对人力资源管理有一个深层次的认识和了解，因此企业的决策者要转变思想、转变观念。把人的管理从简单的人事管理上升到人力资源管理的高度，认识到人力资源管理不完全是人事部门的职责，而是各级管理人员的职责，尤其是企业高层管理人员的职责。为企业人力资源管理的发展奠定一个良好的基础。

（二）打造员工体验型组织

埃森哲公司指出，只有触点驱动的体验还不够，还必须围绕卓越体验来规划整个企业，这就是价值引领企业。很多企业倡导打造价值型组织，但价值锁定的是客户体验，员工体验并不在视野之内。基于此，员工体验型组织呼之欲出。顶层设计很重要，没有企业高层的认同，就可能会产生"涓滴效应"，也难以得到其他下属团队领导及相对弱势的基层员工的认同。

为此，员工体验型组织必须实施企业级专业化管理，首席体验官须"横空出世"。英国巴克莱银行客户体验总监克莱夫·格里耶认为，设置首席体验官优势

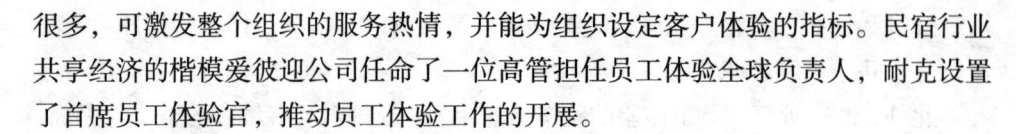

很多,可激发整个组织的服务热情,并能为组织设定客户体验的指标。民宿行业共享经济的楷模爱彼迎公司任命了一位高管担任员工体验全球负责人,耐克设置了首席员工体验官,推动员工体验工作的开展。

(三)建设员工中心型文化

企业创始人兼CEO常以"非我莫属"心态自居,甚至认为没有"我"就没有企业。一切以"我"为中心,企业文化成了老板文化,即"太阳式企业文化",老板就如"太阳"。特斯拉品牌创始人埃隆·里夫·马斯克就曾表示"企业不能没有我"。美国媒体及企业界也证实他就是这样的人:工作事无巨细且不愿意承认个人错误,认为自己都是对的,导致高管人员离职率超高。

马斯克式文化饱受争议,必须赋予员工以地位。员工体验至上体现了对员工的最大尊重,中国企业需要来个"脑筋急转弯",建立以员工体验为中心的企业文化。另外,人力资源管理也要转换思维,视员工为内部客户,并转换人力资源管理的对象,从关注人才的进、管、出转向进、管、出过程中的员工体验。

(四)建立公平竞争晋升机制

企业为员工提供了一个成长的平台,在这个平台下员工可以尽情地展示自己的才华,通过自己的努力获得职位的晋升和福利的提高。因此,企业必须要为员工提供合理的晋升机会,充分调动员工的积极性。

对于企业来说,高层次的职位通常是有限的,如何用有限的职位来满足众多员工的晋升需求,是目前企业面临的重要课题,要提高员工在"晋升机会上"的满意度,首先必须建立一套比较完善的公平竞争晋升机制,确保"能者上、平者让、庸者下、劣者撤";其次是设立多条晋升渠道,如将晋升渠道分为管理、技术、业务等,让从事不同工作的员工在公平竞争的环境下均有自己的晋升通道;最后要充分尊重并满足员工自我发展的需要,为员工在工作中的竞争、职务晋升提供公平的机会和条件;此外,企业应重视内部提升,这样不仅有利于鼓舞员工的士气,提高员工的工作热情,还有利于降低用人成本,减少用人风险。

(五)建立员工体验测试机制

员工体验全员化并不是要把顶层设计者排除在外,高管也位列其中。管理团队必须统一观念,凝心聚力,把员工体验的理论认知与实践经验聚拢到一起。员工体验规划与设计也要像产品研发一样,在正式投入员工体验环境之前,进行必要的体验测试、改进与提升,以实现员工体验最优化。

在实践中，两项测试至关重要。一是面向管理人员开展员工体验认知调查，即员工体验指数调查，用于摸底中高层管理人员对员工体验的认知情况。通过查缺补漏，有的放矢地培训充电，补上员工体验原理这堂必修课，指导员工体验落地并提升组织绩效。二是员工体验产品落地测试。可优选相对忠诚的核心骨干员工先行测试，根据测试结果对不良体验改进提升，然后再在员工中大范围推行。

（六）利用数字化和智能化武装员工体验

生于1980—1994年的"千禧一代"被称为"互联网原住民"，而生于1995—2009年的"Z世代"被称为"网络世代"。这两大群体伴随着互联网长大成才，教育程度良好，对工作数字化、自动化、智能化要求较高。"千禧一代"具有不同于上一代人的个性化、多样化、高品质生活与工作方式，对数字世界洞察度较高且应用能力较强。"Z世代"以社交、悦己、人设为导向，热衷于社交、娱乐与购物，工作时间如果严苛到不能做购物、社交、聊天等"课外作业"，恐将无"Z世代"存在。因此，与科技相关的数字应用、智能应用与IT服务平台关系员工体验。

弗雷斯特研究公司研究证实，科技要素是日常工作中对员工体验影响最大的要素，而自动化流程、手机端应用及协同办公软件是提高员工体验的最佳着手点。目前，中国企业数字化率还不够高，更不用说智能化。做得好的企业也大都停留在信息化基础应用阶段，如CRM、e-HR、ERP、SAAS（软件即服务）等工具及平台。

因此，通过数智化改造与武装，建立PC、WAP、APP、小程序、微信等多端工作平台，并广泛采用企业微信、钉钉、飞书等协同办公软件，提升员工科技体验。

第五节 人员体验管理

一、人员体验管理系统

体验管理是公司试图改进他们为其员工创造经验所做出的努力。管理部分可以定义为公司所拥有的资源的系统方向和控制，而人员体验部分可以定义为创建对其人员产生积极影响的事件和活动。

2017年，国际商业机器公司或万国商业机器公司（International Business

Machines Corporation，IBMC）发表了一篇题为《员工体验指数：衡量人类工作场所及其影响的一个新的全球指标》的研究论文。这项研究探讨了是什么为工作人员创造了非凡的经历。研究人员开发了一项措施，旨在捕捉人员体验的几个关键方面。

在 IBMC 研究两年后，思爱普（SAP）公司推出了人员体验管理系统（HXM）解决方案。HXM 的引入紧跟一群有影响力的首席执行官，宣布公司的新目标，从简单地满足利润和股东愿望转变为满足员工需求，并为他们提供积极的体验。

二、人员体验管理的提升策略

（一）体验反馈与再优化

人员体验不佳，怎么办？让其做"闷葫芦"闭口不言，还是开放渠道准许其倒出来？开放渠道是唯一选择！定期询问人员体验认知和感受，对消灭人员抱怨、提升敬业度具有重要意义。人员满意度至关重要，人员预期与实际所得决定体验结果。人员不满对组织有危害。美国心理学家弗雷德里克·赫兹伯格指出，人员对本组织管理与政策、工作条件、人际关系、薪酬福利等方面异常关注，若体验不佳就会不满意。因此，上述因素也是组织"保健因素"。

可见，人员满意度调查至关重要，其本质是人员体验满意度调查，会反馈人员体验不足之处。同样，过度体验同样有损组织健康，人的欲望是无止境的，最终会让企业无以应对。不过，人员忠诚度调查意义不大，得到的常常是虚伪且虚假的数字，会蒙蔽管理者的双眼，从而导致忽略人员的真实需求。

（二）代入式人员体验交付

管理者或以身作则，示范并带领员工一起干，或立足于组织协调，进行工作方式的引导。这对人员来说都是鞭策，身先士卒是榜样式激励。然而，人员自动自发也是一种境界。打造人员体验型组织，为人员提供代入式体验，即通过引导体验、示范体验、模拟体验、激励体验等措施让人员主动体验，接受体验产品或个性化体验包，提高人员的工作效率并令其身心愉悦。

第二章 智慧人员体验管理

本章为智慧人员体验管理，分为员工敬业度调查、360反馈调查、员工满意度调查、员工生命周期调查、员工情绪分析调查五部分。其主要包括敬业度与员工敬业度、员工敬业度的相关理论、员工敬业度的提升策略、360度反馈的发展背景、360度反馈的概念、360度绩效反馈、360度反馈调查的实施、对360度反馈的评价、员工满意度概述、员工满意度相关理论、员工满意度的测评和量表等内容。

第一节 员工敬业度调查

一、敬业度与员工敬业度

（一）敬业度概念界定

1. 敬业度的基本内涵

国外学者卡恩最早提出了员工敬业度的定义，而后国内外学者也紧跟步伐，相应开始以员工敬业度为研究对象，研究得出了许多的成果，并对企业的管理者也提供了很多的实践帮助。综合国内外学者的研究，敬业度是指员工基于自身的努力，对企业投入自己的劳动和感情的程度。国内外的学者也在研究敬业度指标，国外的研究情况有以下几种。

沙姆苏尔对敬业度展开了问卷调查，对企业开展了实地调查，对大型制造企业的员工整体进行了研究。研究指出，心理因素和心理影响在高绩效的工作系统中对工作投入起到的是中介作用，企业可以通过调整员工的心理影响来影响员工的敬业行为，这也是越来越关注对员工心理因素的研究了。

我国研究者对敬业度的理解和定义主要分为以下几种。

颜淑倩在国有企业的敬业度相关研究中指出，显著影响员工组织认同和敬业

智慧人员体验管理

度的其中一种因素是雇佣关系,雇佣关系和敬业度中起中介作用的则是组织认同这个因素,她的研究对于员工敬业度由雇佣关系对其影响做了一种新的解释和研究。

解进强和付丽茹在研究敬业度时,选择了以物流企业员工为研究对象,他们指出,当员工在对心理契约的履行效果肯定时,则会更加敬业地开展工作。所以对于企业而言,在人力资源的整个管理过程中,都应重视对员工心理契约的建立,通过对员工心理契约的建立调整等一系列措施,促进企业与员工心理契约的融合,从而进一步提高员工的敬业度。

彭贺芳和高鹏在对民营企业新生代员工敬业度的实证研究中指出,在员工敬业度的影响因素中,企业社会责任对敬业度的影响是正向的,员工个人行为对敬业度的影响是正向的,员工工作价值观对敬业度的影响也是正向的,这些正向的影响因素都是积极影响着员工的敬业行为,正向因素越好,员工敬业度越好。他们的研究对于民营企业而言,要想进一步提高员工的敬业度,就要提升这些正向影响因素。

陈艳以扎根理论为基础,从个人、企业、社会三个层次着手,对国有企业员工敬业度的影响因素进行了分析,她认为公平认知是国有企业员工的首要需求,认同感等情感需求的合理使用对提升员工敬业度有一定效果,国有企业自身"场域"作用也会影响员工的敬业行为,不稳定的经济形势却发挥着"稳定军心"的潜功能。

萧鸣政和段磊对国有企业开展了敬业度研究,研究思路则是以自下而上的扎根式方式,深入讨论和研究了国企员工敬业度情况,分析了内部结构,通过研究编制了一套信效度良好的《国企员工敬业度量表》,为国有企业开展敬业度测评提供了实际的操作。他们发现国企员工敬业度是一个包含主动、忠诚、效能、认同和投入5个维度的构想,不同人口统计学特征的员工在敬业度上有显著差异,且员工敬业度对其任务绩效和周边绩效有显著预测作用。

尚春萍在研究敬业度时,建议关注对团队的建设,要重视团队的力量,建立敬业的团队,她指出影响员工敬业的是你与什么样的人一起工作,她更关注对团队敬业的研究。

王越选择对国有企业敬业度进行了研究,以国有企业为研究背景,研究了影响国有企业员工敬业度的关键因子:良好的薪酬体系、领导对下属的关注情况、良好的团队、本身工作的吸引力。但是,这些关键因子会随着行业的变化而变化,随着企业本身战略的调整而变化,所以企业也应随着各个因素的变动而综合判断,综合调整相应的措施来提升员工的敬业度。

谭楠楠选择研究国有企业，找出了员工职业召唤对敬业度的影响情况，通过采用回归模型，证明了员工职业召唤对敬业度有显著的正相关作用。

综上所述，国内外学者对敬业度的影响因素进行了不同角度的研究，多数的研究都是基于对企业的实际数据调研，基于问卷调查来研究敬业度的情况，这在一定程度上对于总体的研究有主观性，对敬业度开展的研究也是在国内外学者的研究成果上开展的研究，对国有企业的员工进行问卷调查来得到原始的调查数据，进一步分析相关的敬业度的影响因素。

2. 敬业度的影响因素

根据敬业度的定义，即员工主动投入工作，认同组织和当前工作的意义和价值，在良好的工作环境、激励和组织文化下，持续为实现组织战略目标而努力的程度，员工敬业度的影响因素主要体现为个人因素和组织因素。个人因素包括工作投入、归属感和价值内化，组织因素包括工作环境、激励措施和组织文化。

（1）个人因素

①工作投入。卡恩在定义敬业度一词时认为，敬业度是员工在工作任务中，情绪、生理、认知三方面的投入。马斯拉克认为，敬业度是员工有效投身于工作的状态，是工作倦怠的对立面。哈特认为，投入程度是员工敬业度的一个重要因素。怡安翰威特咨询公司提到的敬业度中三个维度，其中"努力"因素代表员工会帮助企业实现经营目标而投入额外的努力。

曾晖将敬业度定义为工作投入度。当员工全身心投入到工作中时，他会不知疲倦并且觉得时间过得很快；当员工热爱工作、精力充沛，专注于工作时，他对工作的投入度就高；当员工对自身工作不满意，有倦怠感、情绪低落时，他对工作的投入度就低。

②归属感。韦尔伯恩在定义敬业度一词时认为，当员工达到组织成员角色时，他的敬业度最高，即当员工会做工作之外的事来帮助组织进步时，即他对组织有一种归属感时，他便有较高的敬业度。一些公司认为，组织应当采取措施使得员工对组织有归属感，有主人翁意识，来提高员工的敬业度。怡安翰威特咨询公司提到的敬业度中三个维度，其中"留用"因素代表员工有强烈地留下来工作的意识和愿望。当员工对组织产生归属感时，会有从属关系的划定、认同和维系，从而增强对工作的责任感，达到较高的敬业状态。

③价值内化。怡安翰威特咨询公司提到的敬业度中三个维度，其中"宣扬"因素代表员工会向同事和可能加入公司的人甚至是当前和未来的客户持续讲述企

业积极的一面。曾晖等在员工敬业度模型里六项因子其中价值内化表现为员工对自身当前工作意义的理解和价值的认同。员工将当前工作价值内化的过程，便是自愿将自身的价值准则和行为标准向敬业靠近的过程，内化行为和内化后果便是提升自身敬业度。

（2）组织因素

①工作环境。盖洛普公司认为，组织应该给员工创造良好的环境，帮助员工发挥他的优势。工作环境包括工作自然环境和管理环境。在管理环境中，员工与岗位是否匹配，企业愿景如何，领导者、战略是否明晰，都会影响员工的敬业度。当有效配置和使用人才，员工做适合并擅长的工作时，他会更乐意此项工作从而取得更好的效果；如果企业具有清晰良好的发展愿景，能鼓舞员工为之奋斗；领导者会影响下属的工作态度和工作行为，企业战略目标清晰，有利于提升员工对工作内容和意义的了解，培养员工的"主人翁意识"与责任感，帮助提升敬业度。

②激励措施。韬睿惠悦咨询公司认为，员工敬业度中的员工理性敬业是因为工作能为员工带来各种利益。胡静认为，员工敬业度受职业发展机会的影响。激励措施包括物质激励和精神激励，薪酬提升、个人得到培训发展获得更好的技能，都有助于调动员工的积极性，使其内心有欲望和动力去工作，发挥主观能动性去完成工作任务，帮助组织取得更好的业绩。

③组织文化。李超平认为，组织文化是敬业度的长久动力，对员工的心态和行为产生重要影响。当认同组织文化时，员工会更愿意投入时间与精力为实现组织目标而努力；当不认同组织文化时，员工极有可能会消极怠工，甚至考虑离开。组织文化凝聚着整个组织的经营理念与价值理论，是管理员工与组织行为的纲领和总指导，是一个组织的灵魂，无形中影响着员工的行为。高建丽等认为，组织文化通过组织价值观、管理制度及行为规范等直接影响每个员工的行为表现，进而影响组织目标的实现。个体与组织契合从本质上来讲其实是个体与组织文化的契合，个体与组织文化的契合间接地作用于员工的敬业度。

（二）员工敬业度的概念界定

中国早在战国时期就提出"专注于学业"的敬业态度；唐代孔颖达在《五经正义》中也提到"敬业度"，是指一种职业态度，告诫人们要用谦逊恭谨的态度对待赖以谋生的职业，要勤勤恳恳、兢兢业业并能自得其乐。

而国外早期韦伯把敬业态度类比成宗教信仰，这种态度能够有力地推动社会经济向前发展，奠定了现代职业精神的基石。

真正意义上对于员工敬业度的大量科学研究开始于1924年的霍桑实验。当时的西方电气为了研究工人的生产力与士气，设计了为期9年的一系列实验，实验结果证明，工作环境、激励等因素影响员工在工作时的态度和情绪，同时也证明了员工态度和情绪对生产力的重要作用。霍桑实验开启了研究员工敬业度的先河。

我们按照时间顺序来回顾员工敬业度的定义及维度发展：1990年，坎正在发表的研究报告中首次提到员工敬业度的概念。他认为，员工敬业度是员工生理行动和心理认同上的融合过程，是衡量员工工作状态与从事工作岗位的同步契合程度。坎正表示，员工敬业状态是一个波动转化的过程。当员工敬业度较高时，会将自我精力大量放入本职工作中，并产出高绩效来充分展示自我工作能力；反之，则会减少工作岗位所需要的状态与绩效表现，将自我精力远离本职工作岗位，甚至会产生离开组织的念头。坎正归纳总结出员工敬业的三个维度，分别为生理敬业、认知敬业和情感敬业。生理敬业是指员工投入时间与精力到工作中的程度；认知敬业是指员工清楚自己的工作内容、工作责任和完成工作所需要用到的资源；情感敬业是指员工在组织中能得到信任感和归属感。

2002年，肖费勒等提出，员工敬业度是一种稳定持久的、普遍深入的、富有成就感的、乐观积极的工作心理状态，并不拘泥于员工特定的行为、事件或情境，包含活力、奉献和专注三个维度。韬睿惠悦咨询公司提出，员工敬业度就是员工愿意将理性工作能力和感性工作意愿投入工作中，采取大量行动来帮助组织达成业绩目标的努力程度，员工愿意投入工作是期望能从工作中收获经济回报、技能回报和职业发展回报，达到享受工作的美好情绪状态。

2006年，杨玲认为，员工敬业度是指员工奋力拼搏工作以帮助企业达成发展目标的程度，包含自我实现、技能提升、组织认可三方面的统一。谢文辉认为，员工敬业是员工承担某项工作或某一责任时所表现出来地想把工作做好的责任感、使命感。

2007年，查淞城提出，员工敬业度是一种美好的状态，是员工为了工作进展主动采取行动以使工作不断产生优良绩效，最终能给员工带来成就感、工作认知提升、愿意继续为工作付出的美好融合体验。

2010年，方来坛等提出，员工敬业度是员工在情绪上认同组织、认可团队、认可工作，想要为组织带来高绩效表现的意愿，并为实现工作岗位职责积极付诸行动的程度。综上，员工敬业度概念汇总如表2-1所示。

表 2-1 员工敬业度概念汇总

学者（机构）	简要定义
坎正	员工与工作角色的结合程度
盖洛普公司	员工在情感上认同组织，并在工作中的投入程度
肖费勒等	员工持久稳定、富有成就感、乐观积极的工作心理状态
韬睿惠悦咨询公司	员工愿意运用自身能力帮助企业实现组织目标的程度
怡安翰威特咨询公司	员工乐意留在公司和努力为公司服务的程度
杨玲	员工努力工作来帮助企业达到组织目标
谢文辉	员工想把工作做好的责任感、使命感
查淞城	员工在组织中积极投入的完美状态
方来坛等	员工对工作角色和组织认同、承诺和投入的程度

综上所述，学术界和商业实践领域关于员工敬业度的定义和维度认知还没有统一，但主要研究都认为，员工敬业度是指员工在心理上认可组织，在行为上支持组织并有能力产生高绩效，在情绪上达到享受工作的状态。

（三）员工敬业度的测量方法

1. 理论研究领域

梅等基于坎正的研究结论，通过验证性方法编制了一套可信度较高的量表来测量员工的敬业度。量表包含的 13 个项目能够有效地显示员工对组织工作的职责理解程度、资源获得方式、付出行动程度、成就感、归属感等方面的水平。

马斯拉克等认为，采用 MBI 量表即可测量员工的敬业度，该量表采用反向计分的方式对立反映出员工在工作中的精神状态、努力程度、绩效水平三个方面。MBI 量表拥有逻辑缜密、视角独特、信度较高、版本较多等特点，因此在各行各业广泛应用。

肖费勒等开发的工作投入量表（utrecht work engagement scale，UWEs）在实证研究中应用程度也非常高。中国学者张义文等通过中国样本再调研，调整了该量表，得出调整好后的中文版 UWEs 量表可靠性更高，国内相关研究适用性更强。

2. 商业应用领域

盖洛普工作场所调查（GWA）（α=0.88）基于百万名不同组织员工的深度访谈结果，编制开发出一套敬业度测量量表。该量表一方面可以测量员工工作态度，另一方面可以测量员工工作态度的影响变量。该量表具有简明扼要、重点突出、易于操作、与企业绩效挂钩等众多优点，因此企业界使用非常广泛。

怡安翰威特公司6个维度测量表和韦莱韬悦公司5个维度测量表在实际应用中也占据非常重要的地位。敬业度测量方法汇总如表2-2所示。

表2-2 敬业度测量方法汇总

提出者	测量方法
肖费勒等	工作投入量表，总共三个分支量表，分别是6个精力充沛问题、5个奉献精神问题、6个专心致志问题
马斯拉克等	MBI量表共16道题，通过对情绪衰竭、玩世不恭、职业效能三个维度的反向积分来测量敬业度的精力、卷入和效能三个维度
梅等	根据个人观点编制了13个项目的员工敬业度测量量表，反映了生理、认知和情感三方面内容
怡安翰威特咨询公司	人员、工作、全面薪酬、政策与操作、生活质量、机遇6个维度的敬业度调研表
韦莱韬睿咨询公司	问卷包含5个维度：我们的方向、我们的客户、我们的团队、我们的行为、敬业度与留任和跟进行动，总共26道题
盖洛普调研公司	盖洛普工作场所调查（Gallup workplace audit，GWA）Q12

二、员工敬业度的相关理论

（一）公平理论

公平理论是研究合理公平分配员工薪资报酬会影响员工工作态度的理论。理论核心指出，员工通过与他人比较、与自己以前比较，来决定是否对现在所得到的工作报酬感到满意。

员工在心理上需要保持一种分配的公平感，当发现自己的收支比例大于等于他人的收支比例时，或现在的收支比例大于等于过去的收支比例时，就会感到公平与满足，从而心情舒畅，继而努力工作；反之，就会产生不公平感，内心不满，工作积极性随之降低。

因此，从某种意义来讲，动机的激发过程实际上是人与人之间进行比较，做出公平与否的判断，并据以指导工作行为的过程。

（二）期望理论

期望理论又称作"效价—手段—期望理论"，1964年由北美著名心理学家和行为科学家维克托·弗鲁姆提出，用公式可以表示：激动力量＝期望值 × 效价。在这个公式中，激动力量是指调动个人积极性，激发人内部潜力的强度；期望值是根据个人的经验判断达到目标的把握程度；效价则是所能达到的目标对满足个人需要的价值。

该理论公式说明，员工对目标的把握越大，估计达到目标的概率越高，能激发起的动力就越强烈，积极性也就越大。期望理论假定员工是有思想、有个性的独立体，他们对生活和事业的发展有既定的信仰和基本的预期，组织必须考虑员工希望从组织中获得什么以及员工如何能够实现愿望。运用期望理论帮助员工规划和实现组织职业发展目标，具有非常重要的引导价值。

（三）双因素理论

弗雷德里克·赫茨伯格的双因素理论又称激励保健理论，在调查征询员工不满因素后，得出大部分员工选择不满是与环境有关而非工作本身。该理论为我们揭示了满意的对立面和不满意的对立面，分别为没有满意和没有不满意。因此，工作动机的原因被划分为保健因素和激励因素，它们对工作行为彼此独立又相互影响，保健因素会起到消减作用，而激励因素才是满意的真正主因。

保健因素就是形成不满的因素，员工不满是可以通过这个因素得到改善、缓解和消除的，却不能通过此因素让员工满意，也不能激励员工。企业的策略、管理、薪酬、工作监督、劳动保护和人事关系协调等，通常起到维持作用而被称为"维持因素"。当它们不能满足员工时，员工的消极怠工和不满意情绪就会产生；当它们通过干预改善时，员工又很难得到满意，它不能起到激励员工积极性的作用，可以使得员工产生价值最大化的作用，所以说，"不满意"的对立面只能是"没有满意"。

激励因素就是形成满意的因素，它们得到改善会让员工感到满意并产生激励作用，充分调动积极性使得企业产能、效率等提升。工作表现、工作乐趣、员工成就感、未来规划期望和主人翁责任感等让员工感受到满意的同时就会极大地激发其内在动力，发挥其潜在能力，自我驱动解决存在的问题和困难。在上级未使员工获得满意时，他也不会不满意，而是会一直驱使自我朝着目标奋斗，所以说，满意的反面就是"没有不满意"。

双因素理论是对满意的界定，在某种程度上，保健因素和激励因素的侧重点不同，保健因素更加侧重外部条件的满足，不会起到激励员工的作用。而激励因素则侧重工作本身的满足，会直接起到对员工的激励作用，为员工满意增进激励，更加注重内在驱动。无论是间接满足还是直接满足，都会在双因素理论中找到印证。

（四）盖洛普理论 QIZ

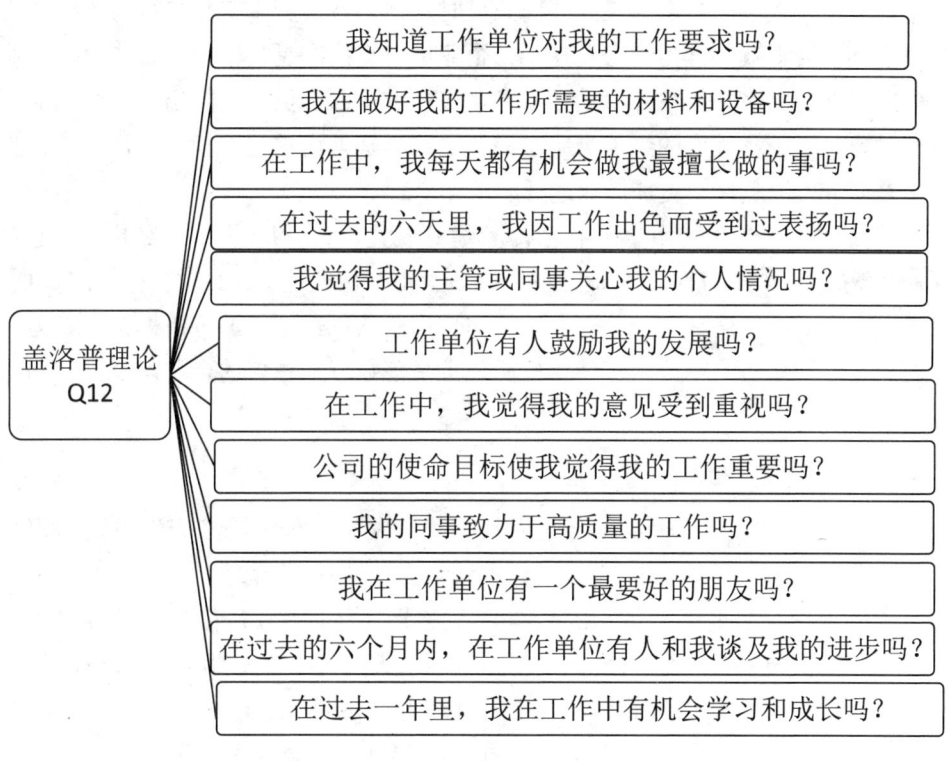

图 2-1　盖洛普理论 Q12

盖洛普工作场所调查是历时三十多年定性和定量研究的成果，这个测量工具涵盖了一个总体敬业度问题和 12 个具体问题，它从影响力的层面概括了员工敬业度的标准，盖洛普的测量包括员工在资源、期望、学习与成长、组织愿景管理实践以及工作要素的主观感知。

优势理论的提出更加洞察人性（优势由才干、技能和知识组成）。技能和知识可以通过学习和训练获得，然而才干却不能。这就需要让合适的人在合适的岗位发挥其能力，至于管理员工尤其是管理团队，更重要的是发挥他们的优势，而不是克服他们的缺点。盖洛普还认为管理员工的根本在于为员工创造良好的工作环境来激发他的优势，让全体员工作为"企业的主人"，员工融入企业，成为企业的一员并产生归属感，盖洛普将之称作敬业度。

（五）社会交换理论

社会交换理论研究的是大多数人的行为，该理论认为，人们的行为目的大多是为了交换什么。当交换的双方感到满足时，他们就会产生交换的行为。社会交换理论对于员工敬业行为的启发在于，企业员工交换的是自己的劳动能力，企业则交换的是物质水平和精神激励，当企业交换的东西与员工交换出来的劳动能力一样对等时，企业交换的这种物质水平和精神激励就会被员工肯定，从而使员工能够更加努力地工作，更加敬业地开展工作。

那么企业在交换物质水平和精神激励的设置上，就应尽量与员工的付出对等，保障员工对等的需求，从而能够激励员工更加敬业地工作，对工作更加认真，这样也会形成良性循环。员工敬业地工作，为企业创造更多的价值，企业又为员工提供更多的物质奖励等，这种良性循环也是现在越来越多的企业需要研究和思考的。

（六）自我决定理论

自我决定理论重点提出，自我因素在动机发生过程中能够产生强大的积极作用，自我的内在诉求和内在情绪会推动自我产生决定行为。在管理工作中运用自我决定理论需要关注员工的基本心理需求，为员工营造符合他们特质的工作环境和职业发展环境，满足员工基本的自我掌控感、岗位胜任感、集体归属感等方面的心理感受，从而满足员工内在职业发展诉求、收入需求、荣誉感、归属感、成就感和愉悦感，产生员工自我内在决定继续为本组织工作，并继续产生高绩效的决定过程。

（七）心理契约理论

美国著名管理心理学家施恩提出的心理契约对于很多的人力资源领域研究十分有意义。心理契约是"个人将有所奉献与组织欲望有所获取之间，以及组织将针对个人期望收获而提供的一种配合",心理契约是一种对心理的研究,这种契约不是纸质的契约,但是这种看不见摸不着的契约在影响着人的行为。每一个企业的发展都是由企业的管理者和决策者来决定的,员工的需求和发展则是在企业的发展之下的,企业没有明文的纸质材料来束缚员工的行为,但是员工和企业管理者各自心里明白,都想为这个共同的发展来一起努力,这是一种无形的、看不见的、摸不着的心理契约。

心理契约为企业的管理提供的参考意义是:企业的管理者应该在心理作用上下功夫,思考这种看不见的契约发挥的价值和效用,通过改变心理的作用,促进员工对企业敬业,提高员工对企业的忠诚度,增强员工的归属感,员工为了企业的发展而更加敬业地开展工作,更好地完成企业的经营目标。企业要通过心理契约的 EAR(establishing,建立;adjusting,调整;realization,实现)循环全流程进行心理干预和引导,以达到预期的效果。

首先,企业应该在心理契约的建立阶段了解员工的需求,掌握员工的发展目标,结合企业的发展和员工自身的发展为员工做好职业发展指导,促进员工为了这个目标而敬业地工作;当员工在过程中出现了新的变化时,相应地,企业的管理者也要做出调整,不可能任由一开始的变化继续发展下去,在企业的经营过程中出现了重大的变化,也要对员工的发展做出及时的调整和变动,及时疏导情绪,避免出现消极怠工的情况;在员工及企业的发展过程中,企业要随时调查进度,调查员工的发展情况和需求实现情况,对实现的预期进行总结,对未实现的预期进行查摆原因,找到原因后对症下药,知道努力的方向,为进一步的改进打好基础。所以,企业的管理者应该重视心理契约的力量,构造 EAR 良性循环,不断充实和完善企业的管理水平,这样企业才能实现长久、健康、良性的发展。

(八)马斯洛需求层次理论

人的需求是复杂而多样的,表现在特定的时刻,某种需求是强势需求,人的行动都是由主导动机产生的,不断地满足强势需求后就会产生新的需求。美国心理学家马斯洛划分人类的不同需求,逐次递增为生理需求、安全需求、社交需求、尊重需求和自我实现需求。但这种次序不是完全固定的,不是机械的、绝对的层次划分和逐级满足,是依据人的需求的复杂性而实现的,如表 2-3 所示。

表 2-3 马斯洛需求层次理论

需求	层级	内容	区别	共性
生理需求	最基本最原始本能的	任何一项需求得不到满足，人的生理机能都无法正常运转，生理需求是任一行动首要的驱动力，只有最基层的需求足维持生存所必需的，其他需求才能成为新的激励因素	外部条件可以顺利实现满足较低层级的需求	1.每一个人都有需求，一项需求获得满足后，另一项需求才出现； 2.多种需求未获满足前，首先满足迫切需求；该需求满足后，才显示出其激励作用。获得基本满足的需求就不再是一股激励力量； 3.同一时期，人可能有几种需求，但每一时期总有一项需求占支配地位，对行为起决定作用； 4.任何一项需求都不会因更高层次需求的发展而消失； 5.各层次的需求相互依赖和重叠，高层次的需求发展后，低层次的需求仍然存在，只是对行为影响的程度减小
安全需求	生理需求达到以后	生命财产的安全不受侵害、身体健康有保障、生活条件安全稳定等的需求		
社交需求	感情交流和认可	人际交往、友谊、为群体和社会所接受和承认等。感情上的需求比生理上的需求更加精致	内部驱动才能满足较高层级的需求	
尊重需求	自我尊重受人尊重	实力、胜任力、充满信心、能独立自主。希望有地位，有威信，受到他人的尊重、信任和高度评价		
自我实现需求	最高层面	展现自我能力与抱负，体现自我价值的需求。自我实现表现为自觉处理问题的能力增强		

（九）员工满意度理论

员工满意度首次出现在著名的霍桑实验中，梅奥研究得出员工满意度在商业环境不断变化中充斥着诸多不确定因素，员工满意度不仅仅是将员工绩效与绩优关联，同时也是通过满意的薪酬福利和工作环境达到提高生产效率的目的，进而演变成企业需要员工全身心地投入工作。员工满意度的研究起源于理论，它的程度直接影响员工保持高度忠诚，高效投入工作和完成使命。

员工满意度是指员工对企业感知的效果和期望值对比所形成的感觉状态，它是用主观的判断方式证实满足的感受。对工作满意度的研究总体上可以分为员工满意度理论模型、满意度维度、满意度影响因素、满意度测量方法和工具。

员工满意度划分单维度和多维度两种，其最早的测量量表由布雷菲尔德和罗斯共同完成的衡量不同职业间一个整体满意度的员工满意度指数量表。多维度测量需要区分员工满意度的不同方面，因此不同研究者也提出许多测量方法。明尼苏达满意度量表在整体和多维度中都有体现，量表不仅有整体性，还有各个维度的衡量。工作描述指数法问卷多次被证明其测量效果良好，它细分为工作、薪酬、晋升、管理和工作伙伴五个方面。SRA 态度量表和工作诊断调查表都是对员工满意度的测量，前者利用 14 个工作因素进行测量，后者包括对员工满意度、内在工作动机和特殊满意度、员工特性及个人成长需求强度的测量。常用的工作满意度量表测量包含薪酬、额外收益、绩效奖金、工作条件、同事关系、晋升、督导、工作特性和沟通九个维度。

员工满意度是包含失业率、职业声望、工作特征、组织气候、人口统计特征、情绪等前因变量和工作绩效、生产力、旷工等结果变量。环境变量被看作一种前因变量，它包含政治及经济环境、职业性质、组织内部环境等。个人属性被看作另一种前因变量，它包括人口统计学信息、人格特质、能力、情景人格和情绪特征。结果变量则分为个人反应变量、组织反应变量和社会反应变量。

（十）"工作—个人"匹配理论

马斯拉奇等学者在研究过程中将个体因素向情景因素转移，并与工作倦怠感研究相结合，用以解释敬业度与工作倦怠感更深的关系。个体努力投入工作中建立在个体的压力反应、情绪、动机与工作情景持续匹配情况下，表现出敬业度；反之，则出现工作倦怠感。个体与工作情境的匹配主要表现在工作负荷、控制感、报酬、团队、公平以及价值观六个方面。两者匹配程度越高，个体投入工作的程度越高；反之，个体越容易出现工作倦怠感。"工作—个人"匹配理论至少包括三方面的匹配，分别是"人—组织"的匹配、"人—团队"的匹配、"人—岗位"的匹配，当三者匹配度都高时，员工敬业度就高，当某方面匹配出现问题时，便会影响员工的敬业度。组织必须考虑此理论中三者的匹配，把合适的人放在合适的位置上，才能调动员工的工作积极性，发挥人的潜能。

（十一）工作要求—资源理论

巴克等在 2007 年提到工作要求被认为是出现倦怠感的主要原因，会导致消极的组织氛围，工作资源被认为是工作的主要驱动力，会形成积极和谐的组织氛围，构成了模型的基础，被称为工作要求—资源模型。

巴克等认为，工作资源和要求影响产生工作投入和工作倦怠，形成激励和健康损害两个过程。工作资源通常影响产生动机、工作参与、工作享受，形成多工作资源—激发动机—工作投入—工作绩效积极的结果；工作要求通常影响产生疲劳、重复性劳损、身心健康投诉，形成高工作要求—精疲力竭—工作倦怠—健康损害消极的结果。出现这些效应是由于工作需要成本和消耗能量资源，而工作资源满足了个体自主性、挑战性、激发性等基本的心理需求。

三、员工敬业度的提升策略

（一）提升高层管理水平

1. 重视员工的工作表现

根据双因素理论，能够引发员工工作积极主动情绪的原因主要有两个：一是激励因素，二是保健因素。该理论的核心观点认为，激励因素带给员工工作满意感，保健因素消除员工工作不满意感，但不会带来满意感。管理工作中应用双因素理论，首先需要找出事件中存在的激励因素和保健因素分别是什么；然后再针对满足员工的保健因素需求，强化员工的激励因素需求，最大限度地激发员工的工作积极性。管理层在现场管理中对员工好的工作表现要给予及时的反馈，加大激励因素的投入，实施更多的精神激励和物质激励，让员工努力付出即有回报，得到更多的工作满足感，那么员工就会更多地重复这样好的工作行为，也会带动团队其他员工的效仿，形成整体员工工作积极性的提升。数据显示，只有一半左右的员工感受到工作表现被重视，工作存在感比较低。为了提高员工的敬业度，重视员工的工作表现还有很多需要提升的空间。

2. 重视员工的工作意见

员工的工作意见受到管理层重视并给予员工及时的结果反馈，甚至执行改进方案，会增强员工的自主性、胜任力、归属感等良好的工作感受，这也是自我决定理论在员工身上发挥的积极作用。现在企业有意见收集机制，但没有意见反馈机制。部分员工必须每周提交3条以上意见，意见数量过多，反馈不过来就不了了之，每周反复。真心提意见的员工，长期得不到有效的反馈，被打消了积极性，也就有了不被重视的感受。

因此，员工工作意见的反馈工作还要加强，认真对待员工提出的意见，做到有提必应，才能给员工以主人翁的信心，员工才能以更加积极的、良好的心态投入工作，有利于长期留任。

3. 激发员工的活力

社会交换理论认为，社会吸引的过程导致社会交换的过程，但社会交换是有条件的。在组织管理中运用社会交换理论，通过企业文化建设、领导力建设等，才能使员工认可组织，愿意在组织内努力付出并产生优质业绩，以此换取组织回报给员工的薪酬福利、职业发展等物质交换和精神奖励，促使员工工作热情持续高涨，保持更高的工作投入和绩效产出。组织的领导者利用权力使员工服从工作命令，员工知道只有服从和执行工作指令，他们才能在组织中得到他们想要的物质和荣誉。因此，在职业交换过程中，员工失去了社会独立性，成了依附组织的个体。

激发员工的活力是使员工高度敬业的前提。员工以热情阳光的形象接待和服务客户，以细致周到的工作让客户满意，员工自己也享受工作成果带来的愉悦感。因此，高层管理人员在激发员工活力方面应多思考如何让员工顺心、愉悦且充满干劲，以管理者人格魅力得到员工的认可，使他们心甘情愿地接受领导，而不是用威严使员工屈服。

（二）加强员工责任心教育

责任心是指个人对自己和他人、对家庭和集体、对国家和社会所负责任的认识、情感和信念，以及与之相应的遵守规范、承担责任和履行义务的自觉态度。有责任心的员工会认真负责，会把组织当成自己的家，会把工作当成家中的事务认真地对待；有责任心的员工，会更加敬业地开展工作，员工进入企业后，便成了企业的一部分，企业要发展就必须协调好每一部分工作，这就要加强员工对本职工作的责任心。

1. 建立严格的工作流程

企业对工作的流程和工作的职责应该做好合理的设计，在对岗位职责的设计和岗位内容的安排上都应当仔细琢磨。对业务流程做好每个环节的梳理工作，对每个环节都要做好标准化和严格化的规定，这样在工作过程中出现了问题和差错才能对症查找原因，追究责任，这样会督促员工按照各自岗位的流程和要求，很好地完成每个环节和每个流程的工作。完善了工作的职责和流程，做到清单化、标准化，每一个员工就能很好地去做好本职工作，就能很好地完成制定的各项目标。

2. 建立完善的监督制度

明确了工作流程，那么也应当有专门的监督部门来监督和检验过程，企业也要制定相应的监督制度和监管措施。企业应当采取多角度的监督管理措施：在企业的内部，有专门的监督部门，有专人督察，企业要实行内外监督两手抓的机制。在内部，企业要建立和完善监督制度，部门内有专人监督，各部门之间互相监督；在外部，企业要发挥服务业主的监督作用，让员工在工作期间时刻保持高度的责任心，不松懈。

（三）完善公司内部沟通机制

一个高效的组织应该是一个沟通渠道多样、沟通流程完善的组织，这与员工的组织敬业行为息息相关，所以完善企业内部沟通机制是非常有必要的。

1. 建立科学的内部沟通政策并制定流程

建立科学的内部沟通政策并制定流程，从而保证交流常态化、制度化，并且制度要具备持续性。制定具体明确的沟通制度以及流程，从而保证内部沟通的顺利开展。

2. 为员工沟通提供多渠道支持

①鼓励员工沟通交流，在公司内部专门设咖啡厅，为员工交流沟通提供一个优雅的环境。

②为保证全体员工的心声被倾听，设立意见信箱，员工如果对公司管理有意见或者建议，可以通过意见信箱进行反馈，公司会定期整理意见信箱的意见，并对集中反馈的问题做出回应。

③管理者可以通过QQ、微信、办公协同系统等方式和员工进行多种方式、多频次的沟通，关注员工的需求，关注员工工作和生活上的动态。当员工在工作上出现困难和问题时，要积极帮助员工解决，对员工在工作上取得的成绩充分给予肯定。有效的上下级交流会让员工感受到组织的关心和支持，从而集中精力投入本职工作当中。

3. 提高中层管理者领导能力和沟通能力

目前，很多员工反馈公司中层管理者无法将员工意见反馈给高层，并指出部分中层管理者无法和员工进行有效的沟通。因此，目前亟须做的工作，就是提升中层管理人员的领导能力，使其有能力与自己的上下级进行对接，充分听取员工的意见并及时反馈给高层。

（四）完善员工晋升选聘机制

目前，一些员工对自己所在公司的发展机会以及晋升渠道并不明晰。而晋升考核指标不明确，晋升过程不够公开透明都是员工目前反馈的普遍问题。因此，可以从对员工进行高质量的绩效管理、明确晋升标准和要求、明确人员晋升和选聘流程等几方面进行改进。

1. 制定晋升标准，设计晋升流程

（1）通过 3D+E 模型科学梳理管理团队和专业核心人才的晋升要求及标准

基于公司战略规划，科学梳理管理团队和专业核心人才的晋升要求及标准。为此，建立了 3D+E 模型。3D 具体由职责（Do）、能力（Display）和业绩（Deliver）构成；E（Experience），即工作经验，是晋升门槛的限定。

①在明确团队和专业团队所处层级基础上，再明确管理和专业团队各岗位的晋升发展路径，最后制定每个管理和专业团队岗位的 3D+E 标准。

②晋升标准 3D+E 具体措施。职责（Do）：明确晋升岗位的职责，并制定岗位说明书，在书面形式上进行确定。能力（Display）：明确目标岗位所需要具备的知识、技能和能力。业绩（Deliver）：通过绩效评估，准确了解在目前岗位上的工作表现或绩效成绩。工作经验（E）：对工作经验的强制性要求，设定不同岗位晋升所需的工作年限和工作经验。

（2）制定规范化的人员晋升管理手册

根据企业的晋升要求和标准，制定明确清晰的人员晋升和选聘的管理流程，将规范化的人员晋升管理手册固定下来。

①为制定明确清晰的人员晋升和选聘的管理流程，将会按照图 2-2 所示流程进行。从申请到审核，再到行为认证和技能测试、知识考试，最终进入评审，根据结果反馈决定参与人员是否有晋升和选聘的资格。对于获得资格的员工，对其进行指导确保员工持续改进绩效行为。

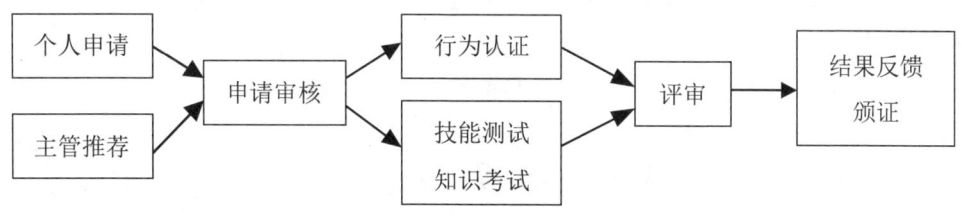

图 2-2　公司人员晋升和选聘的管理流程

②编制"管理人员管理手册""专业技术序列人员管理手册"，从而对具体行为进行有效指导，并固化人员晋升和选聘的管理流程。

2. 对员工实施绩效辅导

（1）加强管理人员对员工绩效能力的辅导

在绩效管理的过程中，管理人员的主要作用并不在于对员工过去工作表现进行判断，而是需要更多地在方向指引、目标指导、沟通反馈方面给予员工指导，以促使员工在学习和发展过程中展现更为积极主动的行为。管理人员需要重视通过绩效辅导驱动员工能力的持续提升，并为实现共同目标而不断努力。

企业的各级管理人员需要给员工提供更为明确的工作指导和建议，给员工以更为细致的指导。具体措施从绩效辅导的类型、绩效辅导的契机和绩效辅导的形式三方面进行了明确。

1）绩效辅导的类型

①具体指示型：对于工作所需要的技能和知识储备都比较缺乏的员工，需要在工作上对其进行具体详细的分步骤指导，并对这类员工的工作完成情况进行实时跟进。

②方向引导型：对工作自主性和工作能力比较强的员工，在宏观上给予指导。

③鼓励型：对无论是知识储备还是在专业方面都比较优秀的人员，可以给予一定程度的鼓励和建议，从而产生更好的效果。

2）绩效辅导的契机

五个时机是最佳的绩效辅导契机，具体如下。

①阶段性的绩效回顾时，管理者需要及时跟踪员工绩效完成情况，针对不足及时实施辅导。

②当员工出现工作问题，向管理者寻求帮助或者指导建议时。

③当员工在工作中应用新技能需要相关指导时。

④当员工绩效有明显下降时，管理者必须及时给予辅导，防止员工产生挫败感，形成恶性循环。

⑤当员工工作态度等对部门产生负面影响时。

3）绩效指导的形式

绩效指导的形式分为谈话、建立定期汇报制度、制作书面报告和非正式反馈四种。

①谈话。管理者和员工定期进行谈话，就近期绩效表现以及绩效提升点进行沟通并提出员工后期绩效目标以及绩效规划。

②建立定期汇报制度。建立绩效定期汇报制度，如每周汇报一次。后面会

进行月度和季度回顾，对绩效表现进行回顾分析和复盘总结，从而进行绩效反馈指导。

③制作书面报告。管理者让员工以书面报告形式进行绩效反馈和分析，从而更好地进行绩效阶段性总结和提炼。

④非正式反馈。除正式反馈外，管理者也可以通过不定期地和员工进行非正式交流获取员工的绩效反馈，这也是前面三种绩效指导形式的有益补充。

（2）提升管理人员的绩效指导能力

在加强管理人员对员工绩效能力辅导的同时，公司需要有计划地帮助管理人员提升绩效指导能力，以提升其对下属员工的绩效反馈能力。

（五）完善员工薪酬福利体系

1. 构建市场化薪酬体系

企业员工的薪酬应根据员工所在岗位特性、员工自身工作表现和业绩、公司效益和部门绩效而支付给员工各种报酬，这是公司承认和回报员工的劳动与贡献的基本形式，薪酬体系构成如下。

收入整体构成＝基本工资＋绩效工资＋激励奖金＋福利

其中，基本工资包含岗位工资、工龄工资、学历工资、职称工资四部分。其中，岗位工资是根据员工所在岗位的特性支付给员工的报酬，是公司对员工在职工作、正常履行岗位职责的回报，同时也是员工维持自身及家庭基本生活需要的保证。工龄工资、学历工资、职称工资随着员工个人基本素质的增长而逐年增长。绩效工资是根据员工所在岗位实现岗位价值和完成工作业绩情况而支付给员工的报酬，是承认和回报员工贡献的体现。激励奖金是依据公司经营业绩完成情况，根据部门和个人绩效考核情况或工作表现，对员工进行激励的一种奖励回报；激励奖金由两部分构成，即及时激励和年度现金激励；及时激励是指员工在公司获得表彰而发放的奖金奖励；年度现金激励是根据公司全年的实际经营和财务状况发放激励奖金。福利是员工除基本工资、绩效工资、激励奖金外，在公司取得的相关福利待遇收入。福利的发放遵从国家相关法律法规的要求，满足基本保障需求，不过度福利化。

2. 构建薪酬调整机制

对于薪酬应建立调整机制，包括整体调整和个别调整。企业应根据物价水平和社会评价调整等，结合行业变化和公司的整体情况而进行相应的整体调整，包括薪酬水平调整和薪酬结构调整。个别调整包括：①定期调整，根据每年度绩效考核结果和公司经营情况对员工薪酬进行相应调整，对绩效考核优秀的员工提高薪酬标准，对绩效考核较差的员工降低薪酬标准，以体现工资的激励性作用；②不定期调整，由于员工转岗就要对应调整薪酬标准，员工在某一领域或业绩上做出了特别大的成果，贡献了力量，也应相应地进行调整，对于违纪的员工也要做相应调减的处理，体现薪酬的合理性。企业完善市场化薪酬福利体系，对员工的激励和保障效果明显，不断优化完善市场化薪酬福利体系，才能留住人才，才能最大限度地激发人才的工作积极性和提高敬业度，更好地为企业发展贡献力量，促进企业的健康发展。

（六）完善员工职业发展规划

根据罗格的敬业度提升模型，针对员工关注是否有人在意其工作问题制定解决措施。员工对个人的职业发展规划是否在公司受到公正待遇非常在意，同时也渴望个人需求被关注。

企业可以从两方面入手：一是做好员工职业生涯规划，为员工提供一个持续成长的学习平台，让员工可以看到自己的未来目标和成长空间。二是重视员工培训，通过员工培训来提升员工的知识和技能，从而提高员工的职业安全感和工作能力。从调查问卷中可以看到，低敬业度行为主要集中在基层员工。员工主要是因为公司发展空间有限，从而产生了低敬业度行为。因此，目前第一要务就是在员工职业发展规划工作方面急需改善。因此，完善员工职业发展规划，需要从两大方面入手，一方面是完善员工的发展途径；另一方面是完善员工的培训体系。

1. 升职空间可视化

期望理论认为，员工对达成职业发展目标的把握程度越高，工作的驱动力就越强，工作投入度也就越高。期望理论假定员工是有思想、有个性的独立体，他们对生活和事业的发展有既定的信仰和基本的预期，组织必须考虑员工希望从组织中获得什么以及员工如何能够实现愿望。运用期望理论帮助员工规划和实现组织职业发展目标，具有非常重要的引导价值。

因此，管理层一方面要多派人员专攻新店选址拓店，同时企业内也要为员工创造更多的重要岗位培训认证机会，如担当认证、三大经理认证、后备店长认证，为企业尽早储备更多合适的人才，加强更多员工发展的信心和机会；另一方面要多与员工沟通，多了解员工真正的职业发展诉求，帮助员工达成职业发展愿望。企业每天发布大量的内部招聘信息，所有员工都可以申请心仪的岗位，但需要管理层的同意，因此管理层应具有开阔的胸怀，当有员工发展与职位相匹配时，应鼓励、帮助和祝福员工往企业内部更好的岗位发展，而不是担心企业运营人员不足而阻拦。

2. 细分岗位与对应级别

现行的员工岗位设置过于随意，缺乏科学论证、合理规划。经过与人力资源部经理及业务部门经理充分沟通，进行职级划分。专业序列分为初级、中级、高级级别，管理序列分为主管、副经理、经理级别。

3. 完善员工发展途径

完成员工的岗位和级别细分后，结合员工的工作特点和岗位职能，建立员工的档案资料，为后期员工评岗定级提供数据参考。公司鼓励员工专精所长，给员工提供充分的发展空间。

4. 完善员工培训体系

员工的培训工作包括培训需求确定、培训计划制订、培训实施和培训效果评估四个方面。

（1）培训需求确定

员工培训需求可以划分为三类，即企业文化培训、专业技能培训与个人成长计划培训。

企业文化培训，主要从企业愿景和使命以及企业的发展目标和战略规划方面进行培训，让员工了解企业的发展现状以及未来规划，从而更好地指导员工进行个人发展规划，增强员工的组织认同感。这也可以有效保障企业内部的整体培训目标与培训战略的完成。企业文化培训计划是由公司总经理和商学院共同来制订的。

专业技能培训，主要是就员工工作岗位的需求进行工作技能的提升，如销售技巧培训、商务礼仪培训等。专业技能培训计划由各部门负责人和商学院共同参与制订。

个人成长计划培训，是针对员工未来成长制订计划的培训，分为雏鹰计划培训、雄鹰计划培训和员工个人需求培训。雏鹰计划培训主要针对入职 1 年以内的员工，主要涉及入职培训、岗位基础知识技能培训、企业文化培训。雄鹰计划培训主要针对入职2～3年的员工，在工作中已经成长，被部门管理者列为高潜力人才，是未来公司重点提拔培养的对象。对这类员工进行基本管理技能的培训和业务技能提升的培训。员工个人需求培训是指员工可以定期向部门管理者提出个人培训需求，部门管理者会进行汇总并提交到商学院。

（2）培训计划制订

培训计划在培训需求的基础上进行充分的分析，公司的培训计划主要包括培训师资和培训培训时间、培训地点和培训方式，其中培训师资和培训方式是需要重点考虑的问题。企业中培训师资包括内部讲师和外聘讲师，培训方式包括内训和外训。对于培训来说，培训师资质量是关系到培训效果最重要的因素。所以，加强培训师资建设是企业培训需要重点要做的举措，可以从以下两个方面进行。

（1）企业内部培训师队伍的建设

由于内部培训师熟知公司业务，建立内部培训师团队能够很好地进行公司培训资源的整合，而且节省培训预算，可以结合公司现状和文化，开发出适合公司的有特色和有针对性的培训课程。同时，选拔内训师的过程，也有利于提升员工的对外沟通演讲能力，有利于员工职业发展路径的拓宽。因此，在商学院的策划和带领下，正在进行内部培训师队伍建设策划方案，从而吸引有能力有意愿的员工加入内部培训师团队。

但在内部培训师选拔过程中，以下两点是需要注意的：①商学院制定好内部培训师选拔标准，并进行内部培训师选拔策划方案的制订，公司要做好大力宣传和引导工作，吸引更多的员工参与，最终从报名的员工中按照内部培训师选拔标准确定内部培训师人选。②对内部培训师进行授课技能和课程设计能力的定期培训，使内部培训师尽快成长为合格的讲师。同时，商学院需要做好内部培训师的考核评估和激励举措。商学院将从人力资源部门将重点考评内部讲师的课程开发能力、授课能力、培训效果反馈这三方面能力。对优秀的讲师要进行工作绩效加分、年终评优优先倾斜、外派培训机会等方式的激励，对考评结果不理想的员工进行定期反馈和沟通，帮助其改进和提升。对不适合担任讲师的员工，要求其退出讲师队伍。

（2）培训师资外聘

由于企业内部培训师的专业深度和广度以及眼界有限，商学院会根据培训需求选择培训外聘师资。在培训实施后商学院需要及时做好培训考评和反馈工作，为后期培训师资外聘做准备。确定培训方式和师资后，商学院会做好每个部门的培训计划表，作为年度培训工作指导。

（3）培训实施

在培训需求和培训计划的基础上，商学院进行培训的具体实施。培训组织实施是培训从应用到实践的关键环节。成功的培训实施需要商学院、公司决策层、各部门以及培训师和员工的通力合作，公司决策层的支持和方向的把控，各部门主管和商学院对培训开展的推动，培训师精心授课，员工高度参与，从而形成培训体系的高效运转，增强培训效果，形成良好的培训循环。培训实施主要包括：培训前期准备如培训文件准备（如报名表、签到表、培训教材和物料清单、培训时间地点和师资确认、培训场地布置等）；培训过程管理，即商学院对培训进行推动和进行过程监督。

（4）培训效果评估

培训效果评估主要包括：学员的学习成果评估，可以通过培训后考试和测试、学员培训评价、跟踪学员绩效表现来实现；通过培训效果评估将有助于对所实施的培训进行总结分析，为后期的培训提供指导和参考。

（七）掌握员工敬业度技术

对员工采取正确的策略，每个领域的增量变化都可以将员工的工作场所转变成一个积极参与的工作场所，从而提高员工的工作效率。

1. 透明的沟通

如今，透明度已成为一个流行语，但这并不应该否定与员工共享更多资源所带来的所有好处。一旦确定了公司的任务，并概述了执行计划，就可以让员工开始工作。一开始就进行清晰沟通的好处是，不必深度或详细地制定管理流程。赋予人们解决问题和自我挖掘的自主权，向他们提供目标、进度和优先事项的整体视图，使他们能够以有能力的战略方式去做。

2. 强有力的管理鼓励

反馈管理是员工参与的关键驱动力之一。员工渴望获得领导者的实时一致反馈。大多数公司都有标准的年度审查程序。但是，如果员工只听说他们每年的表现如何，那么员工很可能会失业。

此外，员工需要发展技能，这将在整个职业生涯中为他们提供帮助。让员工参与目标设定，并确保他们拥有与业务需求相符的个人成长目标。公司应保持定期的节奏进行审查，同时还要留出时间来获取经理的实时非正式反馈。如果采用正确的方法，反馈可以为所有员工带来积极的体验。

3. 多样性重视

不同的意见是深入且有影响力的工作基石。当公司发出不同的声音和观点时，就可以做出更好的决策。不仅公司强调创造一种包容性文化，而且越来越多的求职者也在特别寻找那些因强大而丰富的多元化努力而享有声誉的工作场所。众所周知，这些努力可以显著改善员工的敬业度，并可以树立公司的品牌形象。

4. 使命驱动的文化

人们从公司（尤其是职业中期）寻求的关键要素之一是目标感。如今，许多公司的发展都以使命为核心，他们正在积极寻求与创建者有共同愿景的员工一起工作，并且他们也可以带来另一套特定的技能。在公司中，有更多的员工亲自投入执行任务中，肯定会得到更好的共鸣。

5. 与组织目标一致

公司制定激进的目标以确保满足高管和投资者的需求，员工希望知道他们的工作如何产生影响。经理所要做的就是将公司的目标作为框架，然后设定部门和个人的目标。员工的日常职责和贡献应逐步反映到公司较高级别的活动中，以适应相同的对话，并与最高优先级相匹配。这不仅对公司实现这种一致性有益，对人们了解工作的方式、原因和地点也很重要。

6. 良好的办公空间

商业房地产是核心业务，因此合适的办公空间对于敬业的员工而言很宝贵。员工想要一个舒适的环境，在其中安顿下来，并有宾至如归的感觉。设计、建造和提供用于协作的办公室，放置大量座位，以便员工可以进行非正式的聚会。提供各种座位的选择权利，以便他们可以在一个凝聚的工作氛围中选择自己喜欢的座位。

7. 工作与生活的平衡

近年来，我们已将讨论的重点转向了工作与生活的平衡。必须对家庭友善，并制定基于信任、尊重和知识的策略。不要选择如果有人滥用系统可能会发生情况的策略。相反，要保持灵活性和理解力。应该为群众制定策略，不要担心例外情况。关于该主题的现代观点吸引了员工，因为公司将根据员工可能产生的生活方式变化或需求进行调整。

（八）完善企业岗位机制设置

企业的工作岗位的设置、岗位内容的界定、工作与需求的匹配度都是影响员工工作敬业度的重要因素，所以，企业在基础岗位的设置上也要引起重视。

1. 做好基础岗位的设置

企业的基础岗位设置至关重要，每个岗位的类别、岗位的职级、岗位的工作内容的设置都是十分重要的。每个企业都应根据不同的行业要求，结合公司实际情况，制定好岗位类别以及对应制定好管理层级、专业技术层级及党建管理序列。针对每个层级下的岗位做好统一规划和安排。首先，要做好岗位的定性描述，对各个岗位的意义及重要性做好界定；其次，对岗位的具体内容做好明确，业务范围、工作职责等明确，也可以在公司的发展过程中给予相应的调整；最后，对每个岗位所要求的必备知识和技能进行梳理，这也便于招聘人才的需求。基础岗位的明晰化，对于工作内容的界定，使得员工在开展工作时对工作内容了然于胸，更加方便地开展工作。

2. 做好人员和岗位的匹配

对于岗位的职责等内容明晰化后，也要对员工做好摸底了解，对员工的专业技能、员工所擅长的领域、员工的兴趣、员工的需求等做好了解，与相应工作做最相似的匹配，最大限度地激发员工工作的动力，使其更加敬业地工作。

3. 增加工作的多样性

90后员工更喜欢有挑战性的新鲜事物，他们对单一的工作热情不足，提升工作的多样性也能很好地提升90后员工的工作敬业度。在岗位设置不冲突的情况下，可以为90后员工提供轮岗的机会，提供多部门、多岗位的轮岗试验，便于找到最适合的岗位，从而提升工作的敬业度。同时，企业的管理者也可以深化工作的难度，增加适当的工作挑战，这对90后员工快速学习新知识掌握新技能也有很大的帮助，在这个过程中也为企业储备了大量的优秀人才，对国企的发展也有很大的帮助。

（九）积极加强企业文化建设

1. 构建风清气正的企业文化

大力加强企业文化建设，既是增强企业凝聚力、提高企业管理水平、树立企业良好形象的需要，更是在中国特色社会主义进入新时代的这个大背景下，促进企业转型升级、改革发展的需要。要做到大力加强企业文化建设，就必须大力弘扬企业的光荣传统和独特优势，把企业的"根"和"魂"融入其中。

2. 构建学习型企业文化

员工要不断加强学习，持久提升自我素质，更好地服务企业，服务社会。企业要提倡青年员工加强学习，构建学习型企业文化。一是将学习作为长久的状态，教育每个员工都要一直加强学习，学无止境；二是营造氛围，引导员工共同学习，从上到下，从高层管理者到基层员工，都要加强学习的动力，营造和谐的学习氛围；三是将学习融入工作中，在工作过程中发现需要加强学习的内容，在工作的开展中，就会发现欠缺的知识，发现欠缺的技能，在完成工作的同时也能学到更多的东西；四是共同学习，部门员工一起学习。

学习型企业文化的建立，可以更好地提升员工之间的凝聚力，才能真正增强企业的实力。通过加强学习，不断提高自身的综合能力，促进个人的提升，促进公司的长远发展。

第二节　360度反馈调查

一、360度反馈的发展背景

早在19世纪40年代，欧美国家的有些组织就开始利用类似360度的评价方法对自身的绩效、发展变化等进行评价。例如，英国在40年代初期所设立的评价中心对其部队的战斗能力及士兵的选拔等进行的评价基本上就采用了这种评估方法。经过了一段时间的发展，到了80年代，360度反馈趋于完善，成为不少跨国公司人力资源评价与绩效考评的首选工具。

事实上，360度反馈方法在企业界兴起，并很快普及的最主要原因是全球化竞争所带来的压力和企业经营环境的变化。自20世纪80年代以来，迫于全球化竞争的压力，企业都不得不抛弃传统的产品和服务，同时源源不断地创造出新的产品和服务来满足消费者不断变化的需求，这要求企业加快建立职业经理人队伍；与此同时，管理者职权范围的扩大、扁平化结构、参与式管理、团队协作，特别是矩阵式管理的出现，使得管理环境更加复杂，员工与企业之间的关系也在发生着前所未有的调整和变化。

面对多变的经营和管理环境，企业必须调整其经营战略和组织结构，这就对企业提出两个方面的挑战，一是企业管理者必须具备更高的素质，更为全面地开发自身的管理能力，二是企业必须鼓励普通员工（有时甚至包括外部客户和供应商）积极参与管理过程。

此外，相关的研究表明，在具有正式绩效考核系统的企业组织中，绝大多数的企业会将上级作为考评者，有些企业甚至会将上级作为唯一的反馈来源。然而上级在进行考评时多依据个人的感觉和观察而定，并且他们还会因为工作时间和地点，不一定能对员工有足够的认识，所以员工在接到反馈结果时，常常会将这种结果归因于自己与上级之间的关系，而并非本身真实的工作表现。显而易见，这种单向绩效考核方式已经越来越不适应当今人力资源管理的需要。

因此，现在的组织企业需要一种更能全面地、客观地反映员工绩效的反馈工具，而360度反馈工具正符合了这种需要。它既是一个相关群体共同参与的过程，同时也是一个帮助管理人员开发技能的过程。另外，从评价方法学的角度来看，360度绩效考评的产生和发展符合管理评价科学化的要求。人们发现个体的工作行为关系到绩效能否更好地预测成功。这时的考评结果既强调结果，也强调工作过程中的个人努力程度，使得考评更能客观地反映员工的业绩和行为表现。

二、360度反馈的概念

360度反馈，也称为全视角考评或多个考评者考评，就是由被考评者的上级、同事、下级和（或）客户（包括内部客户、外部客户）以及被考评者本人担任考评者，从多个角度对被考评者进行360度的全方位考评，再通过反馈程序，达到改变行为、提高绩效等目的。360度绩效考评在国内也被称为360度绩效反馈评价、全方位反馈评价或者多源反馈评价等。360度反馈法的其他名称还包括多角度反馈法、多渠道反馈法、全方位评估和集体表现评估等。

在360度反馈方法中，同级同事看到的面大约为90度，部属下级看到的面大约为180度，顾客和外部人员评价的范围大约为270度，而上级处于360度的位置，中间则是被考评者的自我评价。当然，作为反馈来源的组成成员必须熟悉被考评者，同时他们的意见和看法对被考评者和组织来说具有重要的意义，这样被考评者理所当然可以获得比传统评价方法更多更全面的信息。

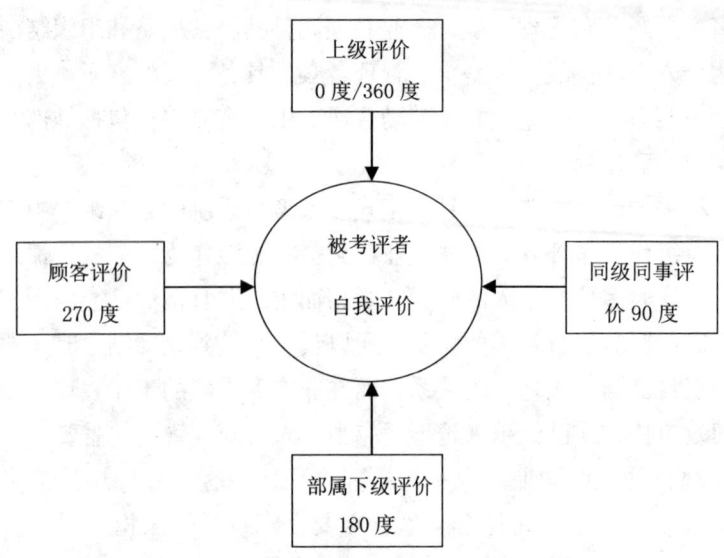

图 2-3　360 度评价示意图

当组织要对管理者的工作绩效做正确的评价时，下属（被管理者）由于能够很直接地观察到管理者的行为，可以对管理者的管理行为提供参考信息。尤其是当某些领导的行为完全是针对下属时，他们的评价就更有价值。因此，下属评价对促进管理者的发展和改进工作更有价值。

而"同事之间在日常工作中经常合作，相互了解全面、真实，可以反映出被考评者的日常工作状态"，所以客观性较强，同事也可以是一个很好的评价来源。自我评价即员工个人的自我评价，"是被评者本人对自己的工作表现进行的反省和评价"。

自我评价是一种非常有用的工具，可以帮助提高员工的自我管理、自我提高的能力。除了内部客户，外部的客户也可以成为评价者，"反馈范围可以延伸至其他人，如外部客户、委托人或供货商"。

因此，除了传统的上级主管的评价以外，下级评价、同事评价、自我评价以及外部客户都可以给组织管理者提供有用的建议和反馈，而综合这些评价信息来源的 360 度反馈可以提供更为全面的信息，帮助管理者与员工修正自己的行为，改善自己的绩效，促进个人的能力发展。

但是，对于具体的企业来说，究竟哪些评价信息来源对其是有价值的，应该根据实际情况加以选择，不能随意照搬其他企业的做法。

三、360度绩效反馈

（一）360度绩效反馈的操作

360度绩效反馈又称多评估者评估和多角度反馈系统，它可以为组织的选拔、考核、发展、培训以及组织变革服务，由于其使用的目的不同，其操作内容和程序也有所不同，但其基本思路是共同的。

360度绩效反馈系统由于其使用的目的不同，其具体体现的形势内容也不一样，它们包括：①领导发展；②绩效考评和绩效管理系统；③测定顾客和消费者相关的行为及知觉；④连续性计划；⑤企业文化评估；⑥组织变革、创新等，它们都以不同的问卷形式体现出来。在考评时应将这些360度绩效反馈工具分发给那些做诚实回答的考评者，那些提供过高或过低评价的员工不适合参加考评，并且通过采取预防措施来保护考评者的身份，以保持其匿名性，不需要考评者把他们的名字写在反馈工具中，只有填写反馈工具的考评者确信匿名的可靠性，反馈回收的问卷才会增多。另外，在反馈工具中要提供清晰的指导语，以避免使用专业术语或提供暗示性的例子。

一旦有足够的评价量表被返回（通常至少需要5份），经统计分析，一个绩效剖面图就产生了，它表明了被考评者的长处以及需要发展的领域，结果的可信度是360度绩效反馈的关键部分，考评结果应传递给有关的部门即人力资源部、培训和发展部。

当然，由于使用360度绩效反馈的目的不同，加上各使用企业的具体情况的差异，故而在使用过程中应注意的问题也不一样，比如，弗兰克尔认为，如果使用360度绩效反馈是为了下面四种策略目的：①员工个体发展；②同伴指导和团队发展；③领导发展；④帮助那些因拥有技术能力而缺乏交流、领导、团队工作等技能的落伍员工，那么，在具体操作360度绩效反馈过程中，应注意如下的一些问题：①应把360度绩效反馈的使用结合到组织整个员工发展计划中去，不能把它看成惩罚性的，把它看成发展每一个员工有价值的工具，不能把360度绩效反馈仅用在那些低绩效者身上；②确定并培训公司内部专门从事360度绩效反馈工作的人员，使他们能同员工一起检查反馈，并提供一些具体的方案去使用这些结果来提高他们的绩效，如果本公司内部没有专门从事360度绩效反馈的部门或人员，那么就应同外界专门从事这一事务的个人或机构订立合同来帮助他们完成这个过程；③选择使用360度绩效反馈工具的最佳时机，在组织面临士气问题、过渡时期或走下坡路时,不能使用360度绩效反馈工具;④360度绩效反馈仅作为一种发展工具,当这个发展指导过程结束后,所有反馈的图表复印件要交给员工本人,不能将这些表格放入员工的人事档案中;⑤在考评者对被考评者的某些事件做出评定时,一定要给出回答问题的方法,即使是一些开放式问题也如此,不能在360度绩效反馈中仅仅使用数字来做出回答,在反馈工具中应该较多地使用轶事评论,因为它比数字评定能包含更多的信息;⑥使用自上而下的方法,而不能将360度绩效反馈工具仅仅用于组织中水平低的员工,即使你使用了不同的工具,但每一个人都能从360度绩效反馈中获益;⑦让管理者学会如何使用这一过程去完成他们的工作计划,并且强调在这一年内他们仍保留为员工反馈的责任,不允许管理者使用360度绩效反馈过程去回避他们在员工发展领域的责任;⑧用360度绩效反馈过程去完善现存的考评实践,不能用360度绩效反馈去代替常规的绩效考评,360度绩效反馈过程可用来帮助发展组织的人力资源,当然弗兰克尔所强调的这些注意事项仅是为了发展这一目的服务的,若360度绩效反馈是为了员工考核或其他目的,那就另当别论了。

安东尼奥尼从一个实践者的角度提出了一个360度评估过程模式,这个模式包括输入、过程和输出三个阶段。

360度绩效反馈方法与传统的一些考评方法有很大的区别:传统的方法是管理者成为绩效考评的主宰者,结果的好坏全取决于上级管理者或管理部门,绩效考核也仅仅起到了"记录卡"的作用,没有充分利用考评结果去增强员工个人及组织的效能。而360度绩效反馈方法则从多个角度来反映员工的工作,使结果更加客观、全面和可靠,并且更强调反馈,使考评起到了"镜子"的作用。

(二)有关360度绩效反馈系统的研究

如今,在国外的一些研究者看来,360度绩效反馈基于两个简单假设之上:①来源于测量理论,个体从多个角度获得的观察将得出更可靠的结果,并且也因此而更有意义,信度和效度较高。②行为和观念的改变是贯穿在增强自我意识的过程之中的,自我意识改变,行为也将发生改变,360度绩效反馈好像一面"镜子",使你能从中发现自我、调整自我。对于这一反馈系统的研究也主要集中在系统本身操作过程中的一些影响因素,以求使用该系统达到更高的效用。

(三)360度绩效反馈的跨文化研究

对于360度绩效反馈工具,跨国公司不仅需要在国内公司运用,而且也希望它在全球的子公司都能使用,这样就有了使用360度绩效反馈跨文化的复杂问题。

哈祖卡等认为，克服这种跨文化问题的一个简单方法是使用这个国家具体的能力模型和规范。但是，我们所需要的不仅是这个国家具体的模式，而且是一个组织具体的能力和价值模式，这样的组织不仅需要向员工提供绩效反馈，更具有结构和详细内容，而且也寻求一种方式向他们说明在未来哪些能力是这个组织认为最为重要和组织期望他们应当达到的绩效水平。所以，在这种情况下，使用一个国家具体的模式和规范是不可能的。这就需要确定一套组织情景的能力和收集与组织规范相关的数据资料。

对处于同一国家和同一文化背景下的公司实施360度绩效反馈，相比之下是一件相对简单的事情。但是，当360度绩效反馈的参与者和问卷回答者分散在全球各地的跨国公司时，便很难对这个项目进行实施。一是实施过程管理上的问题。问卷需要向全球各地进行分发，先寄给那些参与者，然后寄给那些回答问卷的人员，问卷回收时间过长，且很容易遗失，增加了360度绩效反馈实施的难度。二是问卷中的语言和内容问题。尽管跨国公司对分布于全球的子公司参与者有较高的外语要求，他们对于问卷中外语的理解不会存在很大的问题，但如果他们想将问卷分发下去，那些对外语不熟悉的同事就很困难了，加之在当地文化背景下，360度绩效反馈是一个全新的概念，回答者会无所适从。但是，对回答者的选择是实施360度绩效反馈工作成功的关键，三是参与者的观察和评估；以及难于举行反馈者和被反馈共同参加的讨论会议。

不同的文化背景也可能反映在如何看待360度绩效反馈过程及如何很好地接受它这两个方面上。比如儒家文化，这是在中国、日本、韩国等国十分普遍的传统文化，它强调成员在集体社会中刻板的等级制，在这个社会中，成员在完成他的义务的过程中期望保持对权威的绝对忠诚和服从。

安妮·玛丽·罗森认为，由于360度绩效反馈过程是一个全新的东西，因而使参与者在这个过程中表现十分轻松需要很长时间，即使为了发展的目的也是如此。个体会围绕这个收集反馈的过程提供很多问题，指导者要努力解释和确定反馈与参与者之间的相关性，特别是在那种高权力距离的国家，因为高权力距离的文化更具等级结构和更多的独裁风格的领导，因此会倾向于把向上反馈比从老板那里来的反馈看成更少的与自己相关。也就是说更注重自上而下来自老板的反馈，而不注重自下而上来自下级的反馈。

瑞典的参与者倾向于强调交流、团队工作和人际能力；而有关的参与者则更加强调任务定向技能。瑞典作为一个"女性"文化的国家，更强调善待他人，在一个社会中友好相处和相互支持。在瑞典的一个360度绩效反馈研究表明，指导和发展他人、促进公开交流和表明工作的满意感等方面更为重要,这与美国在这方面有明显差异。

在不同文化之间,评估风格也是不一样的,例如,哈祖卡等发现,德国和意大利人比美国人更高地评估他们自己,而法国人则更低地评估自己。他们还发现某些管理者的技能与霍夫斯泰德教授的文化维度之间有些联系,高权力距离的国家把自己进步看得很不重要,而那些高个人主义文化国家却把与其他人合作共事的团队看得很不重要。

四、360度反馈调查的实施

(一)准备阶段

使所有相关人员能够准确理解企业实施360度反馈的目的和作用是准备阶段的主要目的所在,进而能够使相关人员建立起对该绩效考评方法的信任。对于推行该项方法的组织来说,首先必须决定是否对360反馈评价模式加以采用,还要进行相应的需求和可行性分析,在对实施该评价模式加以明确后,就要开始设计问卷调查,在编制这些问卷时要充分考虑本企业的特殊要求,也可以向咨询公司购买成型的问卷,但一定不能简单搬用基于异国文化、不同行业的问卷,最好做一些需求调查,再决定采用什么评价问卷。可以针对最初的问卷实行调查,选择合适的指标,修改项目内容,并进行可信度的检验,以保证随后的评价结果可以得到更好的认可。

(二)具体实施

①组建360度评估队伍。团队成员由组织中各领导层与部门的代表组成,应当注意的是,对于评价者的选择,无论是由被评价者自己选择还是由上级指定,都应得到被评价者的同意,这样才能保证被评价者对结果的认同和接受。

②对被选出的评价者要进行如何向他人提供反馈和评估方法的训练和指导。

③实施360度反馈评价。需要对具体实测过程加强监控和质量管理。比如,从问卷开封、发放、宣读指导语到疑问解答、收卷和加封保密的过程,实施标准化管理。如果实施过程未能做好,那么整个结果可能都是无效的。

④统计评分数据并报告结果。

⑤对被评价者进行如何接受他人的反馈的训练,使他们对评价目的和方法的可靠性的认同,并让他们认识到360度反馈评价结果主要是用于为管理者、员工改进工作和未来发展提供咨询建议的。

⑥向被考评者提供反馈结果，反馈是评价工作的最后一步，也是整个评价工作中最核心的部分。通过来自各方的反馈，可以让被评价者更加全面地了解自己。

⑦组织管理部门针对反馈问题制订行动计划，也可以由咨询公司协助实施。在评价实施过程中企业的人力资源管理部门应当尽可能地起主导作用。

（三）效果评价

①确认执行过程的安全性。由于360度反馈评价中包括下属、同事及其他们人员的评价，要检查数据收集过程是否符合测试要求；此外，在数据处理时，还应考虑不同侧度评价准确性的差异。

②评价应用效果，要客观评价应用这种方法的效果，组织可以借以检验系统运作的结果是否与原来的目标相符，是否为被考评者、管理层和整个组织所肯定，并将所得到的结果和信息进行总结作为不断完善整个评价系统的依据。

想要使360度反馈在企业中顺利地实施并最终取得成功，必须要有员工，尤其是高层领导的广泛支持。同时，在反馈评价开始之前，必须对评价过程的参与者进行相关的培训，使其对360度反馈有一个较为全面的了解，也可以增加对反馈结果的认可。

五、对360度反馈的评价

（一）作用

1. 促进个人与组织企业的发展

360度反馈可以通过绩效评价信息的反馈，让被评价者认识到自己的优缺点，以便进行改进，从而引导他们形成发展规划。美国著名工作分析专家托诺认为，360度反馈活动基于两个关键的假设：第一，通过自我评价与他人对自己的评价所产生的差异的认识，可以强化自我察觉；第二，强化自我察觉是管理者增进工作绩效的关键因素，是管理和领导行为发展的基础。

理查德·莱普辛格和露西亚在向人力资源经理人协会的成员就360度反馈法在使用做调查时，有58%接受访问的企业人力资源部经理认为，这种方法主要用在管理机制和企业的发展上。组织可以通过正规的360度反馈或者自下而上的反馈来强化管理者的自我意识，组织文化就会变得更加富有参与性，从而能够更迅速地对内部和外部客户的需要来做出反应。这会使员工对组织信任水平提高并能加强管理者和他们身边的人所进行的沟通，减少员工的不满，提高客户的满意度,培养团队合作精神,这样既有利于员工的个人发展,同时又能推进组织的整体发展。

2. 对员工的工作绩效进行评价

360度反馈通过从不同方面向主管、部属、同事及顾客收集被评价者的信息,勾勒出被考评者的整体形象,更为客观全面地反映他的工作绩效。调查发现,约有50%的企业将这种反馈方法用来对正式员工做工作绩效评估。企业也普遍认为360度反馈比传统的反馈工具更能反映出工作绩效的实际成果。

3. 实现组织目标

理查德·莱普辛格和露西亚认为,企业在确定了目标后,"可以将360度反馈法作为一项重要的工具,以此来促成员工改变原有的行为,使他们的工作表现更加符合转变之后的企业经营目标"。360度反馈可以被看成一种组织的介入策略,对管理绩效的评价不应只作为管理者对组织有多大贡献的业绩指标,更可以作为评价其领导行为是否与组织战略相符的指标。事实上,随着企业加深对360度反馈法的认识,以及越来越多的企业对它进行应用,它还可以在其他很多方面有效地发挥作用。

(二)优点

①与传统的绩效评价方法相比,360度反馈具有更多的信息渠道,可以吸引更多不同角度的评价者参与绩效评价过程。

②相比于传统的绩效评价方法,员工更相信运用360度反馈法所得到的反馈信息。由于360度反馈的评价信息的来源较为全面,员工感觉到了更高的公平性及正确性,同时获得了更有效的信息。

③360度绩效评价还可以在组织中建立一种互相帮助、共同发展的组织气氛,从而促进组织中的团队建设。推行360度反馈过程中的许多步骤都可以促进领导者和他们的下级、同事、顾客以及上级之间的沟通,改善他们之间的沟通效果,从而在组织中形成一种互助发展的氛围。促进员工的个人发展,推动组织文化变革。

综上所述,360度反馈扩大了绩效考评者的人数类型,易于使各类考绩者优势互补,结论公正而全面。无论是对个人发展、团队士气来说还是对组织的整体绩效来说,它都是一种优于传统自上而下的绩效考评方法。

(三)缺点

尽管多数实施360度反馈的组织都认为使用这一方法得到了很大的收益,这种绩效考核工具还是存在有不少的缺点。①评价成本较大。推行360度反馈的成本较高，从设计反馈工具、收集信息到对参与者进行相应的培训，都需要投入大量的人力、物力和财力，而且整个周期也很长。②适用范围较小。综合各方面的信息增加了系统的复杂性，所以360度反馈方法最好在较小的范围进行，对于一些拥有员工数量较多的大型企业，如果对每位员工都进行360度考核，由其上级、同级、下级、业务部门同事等同时对其进行综合的考核，这样的工作量非常巨大，占用了太多的管理精力。③期望值的提高可能会对员工产生更不好的影响。在推进360度反馈后，更多员工参与考核过程，有机会表达不满情绪，他们希望组织能够采取措施进行纠正，这就导致了期望值的提高，如果没有任何改进，员工表现出来的不满意度可能会更高。

综上所述，事实上，360度反馈法为经理提供了一个绝好的机会，使他们可以了解公司的老板和同事、自己的顶头上司、工作团队的其他成员、公司内部和外部的客户，以及供应商会如何看待自己的行为表现。

但是，360度反馈的执行，必须要改变过去传统的层级权威的思想框架，可能不容易马上被组织成员接受。因此，适当的沟通、培训及保护措施的采取，才能确保它的公平性与正确性。

另外，组织在推行360度反馈时，不能简单地将360度绩效反馈计划等同于传统的绩效评价，要将注意力集中在如何通过这种新的绩效改善工具帮助企业谋取竞争优势方面。同时，组织还要清晰地界定使用该计划的目的及其执行细节，对参与者进行相应的评价，这样才能发挥360度反馈的最大作用，促进组织和员工个人的发展。

第三节 员工满意度调查

一、员工满意度概述

（一）员工满意度的基本含义

1. 一般性定义

员工满意度是员工对自己的工作和环境的自我感觉，该定义不包括形成工作满意度的原因和过程，只强调结果。美国心理学家霍伯克认为，员工满意度是员工的主观反应意识，他是员工满意度一般性定义的先驱。洛克将员工满意度定义为一种使员工产生的工作愉悦感或者积极的情绪。著名心理学家维克托·弗鲁姆提出，员工的工作满意度是指员工个人对其所从事的岗位角色所投入的个人情感。中国学者黄贵把个人对工作或工作环境的看法或态度认为是员工满意度的外在表现。

2. 期望差距性定义

期望差距性定义认为，员工的期望值与实际工作中获得的值之间的差异将形成工作满意度，该差异越小，员工的满意度就越高。谢尔曼中校认为，员工满意度是指员工需求被满足的程度；波特认为，员工满意度是员工在实际工作中的表现和其得到的回报之间的差距；刘艳立、潘绝等认为，员工满意度是指在满足员工的个人需求时所形成的心理状态，表达的是员工在实际中的收益和期望值之间的异同。

3. 多层架构型定义

多层架构型定义认为员工满意度是员工自身对工作特点的一种主观评价，是员工对工作产生的情感变化和反应，在工作参考的维度上没有统一的确定标准，而是根据员工对工作认识程度的不同和变化而逐步完善。该定义不仅体现了外部的客观环境对员工满意度的影响，而且还体现了员工的个体主观能动性对员工满意度的影响。

综上所述，员工满意度是一个非常复杂的概念，如果只用态度、情感或者感受来描述，便无法体现员工满意度的内在含义；而期望差距性的定义又不能很好地体现员工在工作这个最大的不确定因素所起到的作用；多层架构型定义仅表明了员工的个体主观能动性，按照这个定义，便很难使员工感到满意。研究发现，员工满意度实际上是一个关键点，随着实际的获取值和期望值之间的差距越来越大，满意度也会越来越低，员工的满意与不满意是在一定的区间内不断变化的。

（二）员工满意度的影响因素

1. 物质因素

（1）薪酬福利

员工工作的直接动机就是获得应得的工作回报。薪酬福利的水平、分配的合理性以及与员工期望值之间的差距直接影响着员工满意度的高低。薪酬水平较高且分配公平并能达到员工预期，员工的满意度就较高；反之，则较低。

（2）工作条件

员工在择业时通常会把工作的安全性、舒适性等列入重点考虑范围。安全舒适的工作环境可以有效激发员工的工作积极性,虽然改善工作环境不等于提高工作效率,但可以降低员工的不良情绪。

2. 社会因素

(1)企业文化

企业文化作为企业的软实力,不仅能够激发员工的工作热情,还能增强企业的凝聚力和团队的协作能力。建设被员工认同的企业文化对企业发展越来越重要,因此越来越多的企业意识到企业文化的建设对提高企业竞争力具有重要作用。

(2)人际关系

人的社会属性决定了人的社交需求,因此企业中员工之间、员工与领导之间建立起相互尊重、相互理解的融洽关系,不仅可以提高团队的协作能力和员工的满意度,还能保证工作的有效进行。

3. 心理因素

(1)行业前景和员工晋升空间

无论是行业的发展前景,还是员工自身在企业内部的发展前景,对员工满意度都起着至关重要的作用。员工在企业内部晋升空间越大,行业发展前景越好,员工的满意度就越高;反之,则越低。

(2)工作本身

与员工满意度关联最为密切的是工作内容是否具有挑战性。大多数员工比较喜欢自由度高且多样性的工作,可以充分展示他们工作能力。但是工作的挑战性也要合理,既不会因挑战难度太大而使员工遭遇失败,也不会使员工因工作毫无挑战性而对工作产生负面情绪。即使工作本身枯燥乏味,但是工作本身的重要意义也可消除工作的负面影响,从而提升员工的满意度。

二、员工满意度相关理论

(一)工作特征理论

哈佛大学教授理查德·哈克曼和伊利诺伊大学教授雷格·奥尔德汉姆教授共同提出了工作特征理论,即五因子工作特征模型。他们认为要使员工能够产生不同的心理状态和反应,管理者在布置和验收任务的时候要按照工作的核心维度。

具体的核心维度总结为以下五方面:一是技能的多样性,即一项工作的完成不是单一的重复性的操作,而是需要使用各种不同的工作技能,需要调配各种不同的能力;二是工作任务的统一性,即员工所做的工作是否具备一个完整的过程,具备完整性，贯穿工作的始终；三是任务的重要性，即员工所执行的工作的重要程度，对公司、其他人、员工自身的影响力大小；四是自主性，即员工在推进一项工作时可自主定夺的范围和程度；五是反馈性，即员工能够及时、准确地了解所从事的工作的完成效率以及工作成果的可能性。

两位教授根据以上五个工作的核心维度构建出了工作特征模型。并且指出，通过该模型，可以清楚地再现员工在工作中可能出现的三种心理状态，或所谓三种"认同"状态，这三种"认同"的对象分别是工作价值、工作赋予个人的责任感以及了解到的工作成效。

根据模型，如果想让员工感受到自己所做的工作是有意义有价值的，应当让员工能在工作中应用其多种技能，提升员工参与单个任务的比重和交办重要程度较高的任务给员工。如果要让员工能够对工作充满责任感，就应当加强其自主性，给员工更多的资源和更多可供自我发挥的空间。如果要让员工了解到工作的成效，就应当加强反馈，及时与员工沟通对工作内容的评价。

（二）需求层次理论

美国著名的社会心理学家亚伯拉罕·哈罗德·马斯洛早在1954年就提出了一种需求理论，即著名的马斯洛需求理论。马斯洛对霍桑实验的结果进行了创新性研究，并继续从成年在职人的角度分析员工的行为。随后的分析研究发现，员工的需求是不断变化的，在不同阶段，员工展示出不同的需求，且需求是呈阶梯状发展的。员工只有在满足了较低的需求之后，才能将他们的需求提高到较高的水平。如果员工能够继续满足不同阶段的员工需求，他们将非常高兴。

马斯洛创造性地将员工需求分为五个层次。

第一阶段是生理需要。在此阶段，人的需求包括各种物品，如食物、衣服、住所和运输工具。

第二阶段是对安全的需求。当满足人们的第一级需求时，他们将重点放在安全性上，包括人身安全和财产安全。另外，还包括工作场所的安全和生命的安全。

第三阶段是社会互动的需求。人们具有社会素质，当基本生活和安全需求得到满足时，社会需求就成为生活的重点。人们希望通过交流和沟通建立友谊和爱情，并改善生活质量。

第四阶段是需要尊重。尊重包括外部尊重和内部尊重。外部尊重是指社会地位或对他人的尊重，内部尊重是指成就感、自尊心等。只有对社会有价值的人才能得到社会的认可,且对社会产生的价值越高,其在社会中的不可替代性则越强,从而导致其社会地位也就越高。

第五阶段是自我实现的需要。当人们对社会的各个方面感到满意时,他们就会追求更高的水平并实现自己的理想。这个理想不仅是为了生存和社会互动,而且是为了实现一种自我价值和完整的自我。

马斯洛的需求理论一经提出,就获得了学者的广泛认可。因此,在研究中使用了马斯洛需求理论中广泛认可的因素作为理论支持,以使文章更加科学,并在问卷中注入了该理论的需求水平。

(三)双因素理论

1959年,美国心理学家弗雷德里克·赫茨伯格在他提出的双因素理论中表示,影响员工满意度的因素不仅仅来自工作性质本身,而且也来自工作环境,如表2-4所示,主要是保健因素和激励因素。

表2-4 双因素理论中的保健因素和激励因素

保健因素	激励因素
公司政策	获得承认
工作条件	成就感
薪酬水平	责任感
同事关系	晋升空间
上级监督	工作本身
个人生活	个人发展

其中,保健因素主要是指种种与员工个人心理以及激励无关的客观要素,如公司所指定的政策、员工所处的工作条件、员工现有的薪酬水平,以及员工之间的同事关系等,公司在保障上述因素的同时,即会正向影响员工的满意度。而激励因素从根本上把握员工对个人发展的内部需求,从改变员工的自身主观态度入手,促使员工对工作产生热情,从而提升工作效率。

双因素理论的突破性主要在于以下两点:第一,该理论将员工满意度影响因素归纳为激励和保健两个部分;第二,该理论首次说明了员工的满意和员工的不满意之间存在着第三块区域,并不是非此即彼的两个独立的对立面。由此可以看出,在保障保健因素的基础上,适当增加激励因素是管理者提升员工满意度的重要方式。

（四）成就需要理论

20世纪50年代，美国的戴维·麦克利兰教授在对人的动机和需求进行研究后，正式提出了成就需要理论。他将组织成员的社会性需要分成三类，即成就需要、权力需要和亲和需要。其中，成就需要可解释为组织成员希望获得成功并全力做到最好。在日常的工作表现中，成就需求较高的员工的工作态度比其他员工要积极，他们不满足现状，力求在工作上取得更大的突破，在企业管理中，这类员工自身获得的成就感更能使他们感到满足。权力需要可解释为组织成员希望影响和控制别人，并让其他组织内部的其他成员顺从自己的需要。权力需要是管理者必备的素质之一，也是组织管理团队领导的重要手段之一。亲和需要可解释为组织成员希望团队合作，并希望能得到组织内其他成员的理解和支持。

麦克利兰教授认为，在某个组织内，三类社会性需要对组织的发展都有积极作用。如何引导三类需要，提升组织内成员的工作效率，是企业的重要课题。

（五）过程型激励理论

过程型激励理论的核心在于，认为员工满意度主要受到了员工在工作过程中所形成或践行的信念或观念的影响，比如员工对工作的期望，员工本身具有的价值观以及员工对于自身需求的观念，这些信念和观念都是某种内源性因素，通过对这些因素的理解，可以解释这些因素对员工满意度的影响，进而可以对员工满意度的现状和问题进行解释。而在各种过程型理论当中，期望理论与公平理论便是最为学界所认可的代表性理论。

具体而言，期望理论是由美国心理学家维克托·弗鲁姆提出的，在其著作《工作与激励》中，弗鲁姆首次对期望理论的概念进行了界定和解释。通过对人类心理的细致考察和大量实证证据的支撑，他总结道，任何人都会具有某种目标和期望，并且在实践当中一定会从这一目标和期望出发，而想方设法去实现这些目标和期望。并且，目标和期望是可以加以区分的。所谓期望就是目标仍未实现时的状态，因此要想满足员工的期望，就必须了解员工的目标。只有通过了解员工仍未实现的目标，并且对这一目标所构成的期望加以运用，才可激发员工的工作热情。

此外，弗鲁姆还进一步为激发力提供了计算模式。他认为，所谓激发力的大小，实际上受到了目标价值（效价）和期望概率（期望值）两个要素的影响，其计算模式即两者的乘积。期望理论过程模型如图2-4所示。

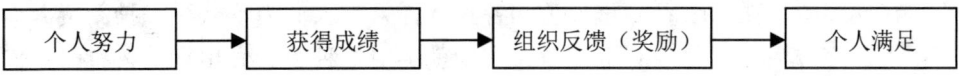

图 2-4　期望理论过程模型

目标价值（效价），主要是指员工达成目标之后对目标达成之价值的判断。简而言之，即员工实现目标后的满足程度。该项为非常主观的因素，因不同员工对工作内容的认识不同、态度不同，所以效价存在正、负、零三种情况。当员工实现了自己所期望的目标，并且对结果满意，则效价为正，若员工对目标完成的结果并不关心，则效价为零，若员工虽然完成目标，但并不满意最终结果，则效价为负。

期望概率（期望值），则是指员工按照其设想而完成期待、实现目标时，对自己所能收获的成果或奖励的预想。从量化的形式来看，在员工工作过程中，若没有相应的、有效的物质和精神奖励来进行刺激，就会导致期望值的降低，最终导致激发力的缺失。所以，该理论指出了员工的工作满意度取决于个人因素和外部因素两方面。

美国心理学家约翰·斯塔希·亚当斯于 20 世纪 60 年代提出了公平理论，在该理论中，他着重介绍了社会比较的概念。他指出，对员工的激励不仅受员工对自己投入产出比例的主观感觉，而且还来源于与他人投入产出比例的比较，以此来判断公平性。

员工的工作动机和行为会受到这种主观上的公平性判断的直接影响。经过与他人的对比，员工能够从公平、公正的投入产出比例中获得工作满足感，从而继续维持现状或更加努力以增加自身在工作中的回报；反之，如果员工发现自己的投入产出比例不及他人，认为管理者给予奖励时有失公允，那他的满意度就会下降，从而出现消极怠工的行为。因此，在公平理论中，员工的工作积极性和主动性以及员工的工作行为在很大程度上会受到公平性这一因素是否得到满足的影响。

（六）资源保存理论

资源保存理论最早由霍布福尔提出，他认为个体不但会尽力维护他们现有的资源，而且会尽力发现和获取新的资源。对拥有较少资源的个体而言，较多资源的拥有者几乎不会损失现有资源，而更有能力发展新的资源，因而表现出更高的工作热情和更积极的工作态度。

在现实中往往面临着多重角色和各种选择，当人们为了获得一种新资源而不得不放弃或消耗一些现有资源时，人们就会对这种行为做出评估，有时人们倾向选择维持现有资源，这就表明需要放弃新的资源，如果放弃的资源与工作相关，那么就可能引发人们想要离开组织的想法，因此组织就要给予员工相应支持，如心理疏导、物质奖励、营造环境等，降低员工的离职意愿，提高其工作稳定性。

三、员工满意度的测评和量表

员工满意度作为员工在工作过程中对工作本身及周围环境的主观感受，并由此引发的员工个体态度和情绪结果。这种受到员工个体主观因素影响巨大的态度和感受变化情况十分复杂，不易被衡量，难以笼统地对工作满意度水平进行概述。通过对国内外文献梳理和总结发现，现有文献中关于员工满意度评价体系通常由各种维度组成，常见的维度有工作本身、薪酬福利、团队管理、企业文化、培训发展、自我价值等。现阶段社会中对员工满意度进行测量通常都使用以下几种方法。

（一）单一整体评估法

使用单一整体评估法，受访者只需评估他们的整体工作情绪，如"在各个方面对我的工作是否满意"。研究表明，单一整体评估法简单易用，这也使其成为一种更广泛的测量方法，适合广义上的满意度调查法。但这种评估方法尚存在重大弊端，由于没有细分分数，只有整体分数，评估结果仅反映了公司员工的相对满意度，无法诊断和分析公司的特定问题。因此，采用单一整体评估法，其评估结果对公司的业务改善收效甚微。

（二）工作要素总和评分法

工作要素总评分法强调使用多个系数来评估员工的工作满意度。其评分流程：首先，确定影响员工工作满意度的主要维度；然后，对调查结果进行分析，根据标准量表对这些维度进行评估；最后，度量对每个维度的影响。统计后，即可获得员工工作满意度的结果。

与单一整体评估法相比，工作要素总和评分法的操作更为复杂，但是可以获得更准确的评估和诊断结果。公司可以根据存在的问题制定相应的措施，由此可以提高员工满意度，更好地让员工自身的价值以及能力得到充分的展现，为后续的企业发展提供积极的帮助以及支持。

国外学者对工作满意度的衡量从一开始就进行了，并围绕以下几个方面建立了许多相对可靠的量表。

1. 综合工作满意度指数量表

综合工作满意度指数量表是基于单一整体评估法设计的量表。该量表主要由四位学者在1983年提出，他们分别是卡曼、费希曼、詹金斯和克莱什。并且，该量表还是密歇根评估问卷的一部分。该量表主要包括三个问题，通过对三个问题的调查可以解释员工对工作或组织的主观反应。综合工作满意度指数是员工工作满意度的综合指标，通常用于测评员工的总体满意度。借助现有总体满意度的评价，可以帮助企业管理者形成一个综合性的认知，让其可以为后续企业管理以及发展提供积极的支持以及帮助，更好地提升企业自身的管理效能，提高企业竞争力和员工的工作积极性。

2. 工作整体满意度指数量表

布雷菲尔德和罗斯共同提出的总体工作满意度指数量表是一种基于单一整体评估法的度量。这种评估方法是一种对综合满意度的评估方法，主要用来评估员工的总体满意度。

通过计算员工期望与实际感受之间的差异的综合，来评估员工对公司的满意度。但是，这种评估方法获得结果具有一定的局限性，准确性也较低，仅能作为评估员工满意度的辅助工具。

3. 彼得需求满意度调查表

彼得根据满意度差距的定义，提出了彼得需求满意度调查表，该调查表用于衡量总工作要素的得分。每个项目都有两个相应的问题，其中一个问题用来衡量受访者主观"应该"考虑其工作的特定方面的满意度。通过合理的满意度选项分析，去更好地评价每一个指标对员工工作情况的影响，以保证后续实际研究的合理性以及有效性。

一般而言，彼得需求满意度调查表更加适合管理员。该问题侧重特定的管理问题，也就是强调管理人员自身的满意度，对于基层员工的适用性而言相对较低。使用此调查表对基层员工进行测试时，通常无法真正反映出他们的满意度。这也是这种方法在后续需要改进以及优化的地方。

4. 明尼苏达满意度量表

明尼苏达满意度量表由世界著名一流公立研究型大学明尼苏达大学学者戴维

斯等多位学者合作编写。明尼苏达满意度量表有长式量表和短式量表两种模式。长式量表包含120道题目，对可以影响员工满意度的20个方面进行测量，每个方面包含5个细分评定要素。20个可以影响员工满意度的方面被总结为个人能力发挥程度、工作带来的成就感、主观能动性的发挥、升职通道、工作自主性、企业政策落地情况、薪资待遇水平、团队配合程度、创造性、工作独立性、企业褒奖、个人道德价值挑战程度、工作责任、工作稳定程度、社会服务性、社会地位、企业监管体系和人际关系、企业技术领先性、工作所处环境和多样化发展。同时，也组成了明尼苏达短式量表，短式量表也是社会上应用最多的员工满意度量表形式。

在进行员工满意度评测实践中短式量表的应用更多，发生这种情况的主要原因是明尼苏达长式量表虽然测量更加准确和全面，但过多的题目限制了其应用场景和实际测量效果。

5. 工作描述指标量表

工作描述指标量表由史密斯、肯德尔、胡琳等于1969年提出。量表主要通过以下几个方面对满意度进行测评：工作本身、薪水、晋升机会、同事和直接主管。有学者随后对工作描述指标量表进行了修正，增加了工作环境、内容和技术等方面的测评内容。调查表的每项问题均采用固定式的回答，即为每个问题设置了"是""否"和"未知"三个选项供员工选择，这三个回答分别对应3分、1分和0分的分值，根据最终员工给出的答复进行计分。员工最终的总得分与总体满意度相对应，总得分越高，表明员工的当前工作满意度越高；得分越低，则满意度越低。

6. 工作诊断调查表

工作诊断调查表是由哈克曼和奥尔德姆在1975年提出的。该调查表主要用于测评员工对公司的总体满意度、基本工作动机和特殊满意度，主要是对涉及工作安全、奖励、社会关系、监督和成长等方面的评估。

此外，该调查表还可以衡量员工的特征和个人成长，以及员工的需求。工作诊断调查本身是一种员工满意度调查方法，用于调查工作对员工的影响，它是细节研究和总体调查之间的一种方法。该方法可以反映每个小方面的满意度，同时也可以反映对公司的总体满意度。

四、提高员工满意度的意义

（一）有利于提高顾客的满意度

美国奥辛顿工业公司总裁曾提出一条"黄金法则"：关爱你的客户，关爱你的员工，那么市场就会对你倍加关爱。员工满意是客户满意的前提。据哈佛大学赫斯凯特教授提出的"企业—员工—客户"链式关系可看出，在企业、员工、客户三者之间，员工是联系企业与客户的纽带，他们与客户进行交流，提供客户需要的服务，他们的行为及行为结果是客户评价企业产品和服务质量的直接来源。企业要想让外部客户满意，首先得让内部员工满意，因为只有员工感到满意，他们才可能以更高的效率和效益为外部客户提供更加优质的服务，并最终让外部客户感到满意。许多实例说明，如果一个企业员工满意度比另一个高，那么其顾户满意度就高。本杰明·施奈德在一家银行的分支机构研究"客户满意度与员工满意度的关系"，经过8年的研究，得出了"员工工作满意程度会影响有关客户满意"的信息。

（二）有利于提高企业经济效益和社会效益

员工是企业经营活动的承载者和执行者，员工较高的满意度会促进企业的良性循环，满意度较高的员工能为企业带来效益。美国哈佛大学的一项调查研究表明，员工满意度会极大地影响客户满意度，员工满意度提高5%，会连带提升2.5%的企业经济效益。因此，提高员工满意度能达到客户满意和企业满意的双赢效果，而客户满意度的提高则有利于节约社会资源，降低社会成本，使产品在无障碍市场中自由流动，促使企业与客户价值最大化，从而有利于提高企业的经济效益和社会效益。

五、员工满意度存在的问题及原因

（一）员工满意度存在的问题

总体来看，公司员工的满意度处于中等水平，在独立工作的机会获取、工作压力、薪资及待遇、晋升空间、领导能力等方面仍存在一些不足，需要进一步改善。此外，通过对员工不同性别、年龄、学历、职务和工作年限的分析发现，这些因素也会对员工满意度产生一定的影响。

1. 漠视员工培训

虽然说许多企业已经认识到想要提升企业的竞争力就要重视企业内员工的培

训，但真正能有效实施员工培训的企业少之又少。第一，有些企业认为开展员工培训是为其他企业培训人才，固然没有真正投入更多的经费和时间培训员工。第二，没有合理的员工培训体系。在培训的内容上，由于企业管理者不顾及员工的心理感受，认为只要员工无条件地服从企业，培训工作就会有很好的实际效果。第三，企业往往比较重视中高层管理的培训而基层管理培训相对不足；重视岗位技能的培训而员工职业道德培训相对不足；重视企业制度层面的培训而企业文化培训相对不足。

2. 福利缺乏针对性

不同性别、年龄、学历、职务及入行年限的员工都会对薪酬及福利表现出较大差异的满意度。通过走访发现，一些受访者表示平时工作、生活压力较大，对薪酬有较强烈的需求，特别是男性、低年龄段、本科学历、刚入职的普通员工对这些方面的需求更强烈。而公司在制定福利措施时，并没有考虑不同类别员工对福利的需求，缺乏针对性，使公司福利很难满足员工的需求，从而降低了员工对福利的满意度。

3. 未形成企业文化

在受访员工中，不同学历的员工对薪酬福利、员工培训和工作晋升等方面表现出较大的差异性。由于不同学历获得的薪资、提升机会不同，在工作中可能会让员工产生消极心理。虽然受访过程中公司整体表现出较融洽的工作氛围，但仍能发现不同学历层次的人员之间存在对自身工作认同方面的消极情绪。因此，目前公司缺乏往企业文化转变的思路，难以在更高的层面保障同事关系持续健康地发展。缺乏固化的企业文化是公司进一步提升同事关系的一大壁垒。

4. 员工晋升渠道狭窄

公司员工的晋升通道主要为管理岗和专业技术岗，但公司各层级人员流动较慢，管理岗位及高级技能等级多年未扩充。从管理及技能路线获得晋升机会往往需要一定的资历，包括工作经历和学历等，当老员工晋升到一定职位，其工作地位和社会地位得到满足后，受晋升渠道及难度的限制，老员工出现懈怠情况，进一步缩小下层员工的晋升空间，从而导致晋升难度加大。

5. 员工培训针对性不强

公司常年进行员工培训，但对于不同年龄、学历及职务的员工培训缺乏针对性。在年龄上，低年龄段的员工对于培训的意愿更强烈。在学历上，本科学历位于硕士学历和专科学历之间，对自身技术能力的提升有较强的需求。在职务上，普通员工的培训与心理预期存在较大的差异。公司在培训过程中并未考虑不同类别员工的培训需求，而是统一进行相同内容或时间的培训，影响员工培训的积极性及培训的满意度。

6. 员工薪酬福利满意度较低

第一，员工对自己的工作有着强烈的情感。当员工的薪酬低于员工个人的期望值时，员工就会对自己的薪酬不满意。一般而言，员工通常会高估自己在企业中创造的价值和对企业的贡献，从而也就有了对自己的过高期望，自然而然感觉自己的付出和回报不成正比，心理难免会感到不平衡。

第二，员工往往会拿自己的工作报酬去和同岗位同职业的人做对比。如果员工的工作报酬低于同等职位的他人，员工就会产生不满的情绪，并且差距越大不满程度就越高。因为每个人对自己在公司中的付出会牢记在心，往往只看到自己的付出而看不到别人的努力和贡献，从而常常会认为别人的工作做得不如自己，一旦持有这种态度就很难对自己和他人做出客观的评价，产生不满情绪也就是自然的了。

第三，由于大部分的企业对员工的薪酬和绩效考评成绩一般都是保密的，所以员工对于他人的真实薪酬和绩效考评是不清楚的。但出于心理原因，个别员工总想知道其他员工的薪酬，并加以比较，猜测原因，造成心理不平衡。

7. 员工能力提升的支持不足

公司在新员工到岗后都会对其有针对性地进行业务培训，但受访中的一些员工表示，随着公司业务的扩展、业务量的增加及新技术的支持，部分员工主动要求继续深造以提高自己的业务水平，但公司并没有为员工提供较好的支持，影响了公司员工工作的积极性，公司的这种处理方式已经造成了一小部分主要技术人员的外流，从而给公司造成了一定的损失。

8. 领导层工作方式有待完善

受公司体制的影响，公司总体的政策方针决策部署以及各部门、各基层单位的任务落实，一般都是直接受上一层级员工的指挥的，而基层的员工并没有参与到决策中。基层员工在工作各环节自由度较低，领导在布置工作后，并没有提供有效的指导，导致工作在进行到一半时返工。且在工作过程中，上一层级员工对工作的认可度不确定性较大，给员工带来的束缚感较强。另外，由于工作内容缺乏多样性，按部就班比较枯燥，也造成了员工的工作缺乏热情，从而造成了员工对工作本身的不满。

9.公司制度陈旧、执行力不足

公司制度一方面存在执行力和透明度不够的问题，导致好的制度难以落实到位，无法落到公司各个层面，基层员工的参与度和感知度较低，最终公司制度沦为一纸空文；另一方面，部分制度过于陈旧，无法适应公司现阶段发展的需要，根据公司人员业务及岗位多元化的发展需求，制度缺乏人性化管理，"一刀切"的情况时有发生，导致不同岗位不同工作性质的员工存在较多不满。

（二）员工满意度存在问题的原因

1.行业竞争激烈

如今，随着经济全球化的快速发展，公司面临着前所未有的挑战。公司正在竭尽所能，以应对经济全球化的挑战，并抓住机会发展壮大。为此，员工的工作时长增加，工作压力加大，员工对薪酬福利和晋升等方面的期望值升高，而公司并未调整薪酬及晋升制度，随之而来的结果就是员工的满意度下降。特别是对于刚入职的员工、入行时间较短的员工及职位较低的员工，其员工满意度普遍较低。

2.薪酬体系不完善

对于公司员工来说，员工最看重的是工作的内容、晋升空间和薪酬体系。而员工薪酬是员工衡量个人付出和回报比的重要因素。当前，员工对个人的收入总体来说不满意，认为个人的付出大于回报。一方面，由于工作压力较大，员工从内心上认为个人的工作价值已经远超所获薪酬；另一方面，公司的薪酬制度比较死板，仍沿用公司早些年的传统按职称和职位等级进行薪酬等级的划分，并没有将员工的实际工作量作为薪酬的计量标准。

此外，带薪休假制度也是员工最不满意的一项内容，其主要原因是公司执行力度不足。公司通常会以工作内容过多为由拒绝员工的休假申请，或通过提供少额补贴的方式劝员工不休假或少休假，使员工很难真正享受带薪休假的福利。这种方式使带薪休假形同虚设，造成员工的反感。

3.家庭和社会压力大

当前的员工面临家庭和社会多方面的压力，特别是男性中青年员工在这两方面的压力尤为突出。对于员工而言，薪酬福利和员工晋升是造成员工这两方面压力的主要影响因素。当员工的薪资和社会地位提升时，员工的心理会得到很大程度的满足，从而提高对当前工作的满意度。

4.传统管理思想的束缚

公司在传统管理理念和过度集中化方面有一定的局限性。多数决策权掌握在领导者手中，员工只能无条件地服从管理，听从指挥。因此，公司员工很少能得到独立的工作机会，员工的主观能动性下降，从而也降低了员工的工作热情。在走访和调查中发现，员工对公司在权力下放方面的满意度非常低，公司权力集中在少部分的管理层员工手中，使员工不满。

5.岗位考核标准不完善

在领导能力方面，员工的不满意主要体现在领导指导的积极性、公平性、员工受重视情况及对员工的日常关爱方面。当前，领导层的干部以中年为多，随着职位的提高，其晋升的难度也相应提高，一些领导表示，已经满足于现状，工作态度相对消极。这主要是由于公司当前对领导层的考核机制仍不完善，当前公司考核制度仍将领导层的业绩作为主要考核依据，并没有考虑基层员工个体的贡献，也没有考虑领导层在团队工作中的工作占比。由此，很容易将团队的成果作为领导层个人的业绩，从而也会让位于领导层的人员不断给基层的员工施压，而忽略位于领导层的人员在整个团队工作中的作用。

6.人才培养机制不灵活

在薪资方面，公司能为员工提供较好的薪资待遇，且优于其他公司和行业。但公司在高级管理人才、特需人才等方面的聘用上仍采用较为传统的定薪机制，没有灵活的机制适应公司这种对人才的需求状况。这样做的一个弊端就是造成了高质量人才的流失，从而在一定程度上降低了公司的竞争力。在员工的职业规划方面，虽然公司普遍为员工提供了规划，但仍有一部分员工没有受益。例如，公司岗位轮换机制不灵活，许多人员得不到岗位轮换，工作的晋升空间狭小，职业生涯发展的建议不充足等，而这些因素都会造成员工满意度低，从而影响员工对公司的忠诚度和满意度。

六、提升企业员工满意度的对策

（一）优化员工薪酬福利

针对企业薪酬管理中存在的问题，领导者应当结合公司当前的实际发展状况并立足于公司的长期战略目标，建立一套科学合理的薪酬体系以满足员工未来发展的迫切需求。

公司在设计和优化薪酬体系时，应遵循以下原则。

①公平性原则。一是内部公平，员工薪酬与自身绩效和工作能力相称，杜绝同工不同酬现象；二是外部公平，也就是说，与同地区、同行业其他雇员薪酬相比，员工的工资要有竞争力，员工对自己的薪酬满意了，便有长期在公司工作的意愿，员工稳定了，也将更有利于企业的长远发展。

②激励性原则。增加绩效薪酬比重，提供更多晋升机会以及培训机会，激发员工的工作热情，充分发挥其潜力。

③竞争性原则。企业与企业之间的竞争已经转化为核心人才的竞争。因此，企业设计薪酬体系时要体现竞争性原则，特别是对掌握关键技术或客户的关键性人才的薪酬待遇要有竞争力，这样才能吸引并留住优秀人才，从而增强企业核心竞争力，为企业健康、可持续发展提供重要的人才支撑。

④经济性原则。由于企业的规模不大，且自身经济实力不强，企业在制定薪酬体系时，应当在遵循国家法律法规的前提下，结合自身实际情况，制定出适合自身发展的科学合理的薪酬体系，合理提升员工薪酬水平，防止对公司薪酬资源进行损耗。

1. 提高基本薪酬水平

根据定性与定量相结合原则重新确定薪酬结构，在原有基本工资的基础上增加工龄工资、学历工资。

由于当前物价上涨较快，公司设定基本工资应结合当地经济发展水平，提升基本工资的比重和数额，根据物价的上浮每年对基础工资进行一定比例的上调，以保障员工的基本生活，同时使基本工资在同行业中能够保持较强的竞争力。

（1）增加工龄工资

工龄是对员工过去工作经验和贡献的认可，在一定程度上可以提高员工的忠诚度，增强员工的归属感，减少员工流动率，帮助稳定员工的团队结构和提高员工的绩效。但是，在设定时，应控制比例，避免同工不同酬，减少负面影响。

（2）增加学历工资

随着国家素质教育的不断深入，国民学历也在不断提高，为引进高学历人才，学历工资也是薪酬结构中不可或缺的元素。同时，引进学历工资还可以提高员工的学习热情，促进员工的再教育和再培训，不断提高自身的专业能力和综合素质。学历工资以学信网可验证的学历为准，取其中最高的学历，员工转正后开始享有学历工资。

2. 增强绩效薪酬激励作用

为调动员工工作积极性，必须充分发挥绩效薪酬的激励作用，建立以能力为导向的绩效薪酬机制。

第一，强化薪酬与个人业绩挂钩，对不同岗位的员工设计不同的考核体系。以销售人员为例，销售人员薪酬主要由基本薪酬（含基本工资、工龄工资以及学历工资）和业绩提成两部分组成，且以业绩提成为主，公司应根据实际情况设定合理的销售目标，并设定相应提成，提成根据月度销售目标、季度销售目标以及年度销售目标完成情况进行考核与分配；以月度提成为例，当月度销售收入低于当月目标的60%时，当月无提成；当月度销售收入超过当月目标60%时，按比例发放当月提成；当月度销售收入超出当月目标时，以原提成金额为基数，超出当月目标10%以内的按原提成1.1倍发放，超出当月目标20%以内的按原提成1.2倍发放，以此类推，也可累计补此后月份的差额。季度提成、年度提成以此类推。一线操作工考核标准可根据产量完成情况来制定绩效考核办法及绩效薪酬，行政、财务、技术等相关服务人员需根据生产、销售完成情况提供不同强度的服务，制定相关考核办法及薪酬。

第二，增加绩效薪酬比重。由于不同岗位的工作内容、工作范围和工作要求不同，所以绩效薪酬比重要有所区别。有些岗位的工作效益和企业最终收入密切相关，对企业长远发展影响较大，绩效薪酬就要设置为高比重。

3. 增加弹性福利

企业在保持原有传统福利中必要的核心部分（包括社会保险、婚丧产假等）的同时，应适当增加弹性福利，如带薪年假、旅游补助、培训深造报销、商业保险、员工体检、住房公积金等，员工可以根据自己的需求自由选择，发挥福利的激励作用。值得注意的是，弹性福利计划中的福利项目不能转化为给予补贴和折现，因为直接发现金，就和发工资没有区别，还会增加公司的现金流成本压力，无法发挥弹性福利的激励作用。社会保险和福利待遇在薪酬体系中具有非常重要的作用，是对薪酬的一种补充，是一项激励员工的手段。通过健全社会保险稳定员工，通过福利制度进行人文关怀，让员工时刻感受到公司对他们的关心，提高员工满意度，促使员工更加努力工作。

4. 完善薪酬待遇制度

首先，要多关心员工，时刻为员工着想，和员工多沟通交流，了解其想法和需求。根据员工的需要，设定相应的薪酬待遇制度。例如，员工的需求是提高待遇、社会保障等，企业可以提高工资和加强社会保障。

其次，薪酬待遇标准的制定要公平合理，形成体系。标准的制定要考虑员工对企业的贡献、员工在企业的工作年限以及员工的学历职称等因素，根据工作岗位一岗一薪，使员工对自己的薪酬待遇标准非常清楚，有效减少矛盾和猜测，从而提高员工的工作积极性。

最后，要形成员工和企业"共赢"的理念。企业必须创新管理理念，变革传统的薪酬待遇理念。为了吸引人才，创建富有生机和活力的人才队伍，实现企业的创新发展，企业人力资源管理人员必须改变传统的薪酬制度，使薪酬分配真正发挥激励作用，为企业的蓬勃发展积蓄人才力量，实现员工和企业"共赢"的结局。

（二）增强团队协作能力

员工对团队协作方面的不满意主要集中在两个方面，一方面是对企业管理新员工的方式，另一方面是企业对建议的采纳程度。此外，企业文化和班组建设等方面还有需要改进或提升之处。公司从以下三个方面改进或提升。

1. 倾心与基层员工沟通

员工的个性张扬，想法独特，渴望被关注、被尊重，职场的一点不满意就可能导致其辞职。公司的管理比较严格，管理模式比较系统化，对员工的精细管理和有效沟通还没有做到足够重视。改善与员工的沟通方式，提高沟通效率，减少误解和不满。一是建立常态化倾听机制。可以通过微信群、意见墙、厂长直通车等方式，倾听员工的意见和建议，并逐一匿名登记，逐一台账管理，逐一限时处置。二是注重构建沟通渠道。可以通过团建活动、早会、晚会、工间休息、游戏以及开展各种文化类活动，并准备活动奖品，使员工放松身心的同时，说出自己真实的想法和意愿，提高沟通协作的效率。三是开展专项沟通慰问。每月进行1次班组团队聚餐、茶话座谈会等活动，准备好水果、零食、小奖品，构建轻松、融洽的氛围，了解员工对企业的意见和建议；开展班组宿舍慰问、生日会、节日慰问等节假日专项慰问，在较为愉悦的氛围中倾听员工的心声。

2. 快速解决员工诉求

公司员工对于所提诉求不能得到及时解决和有效反馈较为不满，此项满意度在团队协作维度最低，必须重视并及时有效解决员工对工作中所提的建议，改进工作管理和生产运营中的问题，使团队更富有战斗力、凝聚力。

（1）建立专项跟进制度

出台相关意见，建立专项跟进群，对员工的意见和建议要第一时间跟进，闭环管理，要全程向负责人及员工通报问题，改善进度。

（2）建立专项解决制度

向总部请示沟通，建立重大问题专项解决制度，减少问题处理和反馈的流程，加快员工反馈较为集中的问题的处理，提高问题解决的效率。

（3）建立专项整改制度

对员工提出的问题建议，总结梳理，实行台账式管理，挂账式督办，确保限期整改到位，未完成整改任务的要扣减相应部门的绩效得分，倒逼部门在相关方面进行整改。

3. 强化基层班组建设

围绕强化基层班组建设，提高班组成熟度，改进基层班组对新员工的管理方式，增进团队协作能力。

（1）实施基层班组"一帮一"活动

各带班班长建立微信群，对新入职员工实施"一帮一"活动，每个员工选择一名师傅，师傅负责对其进行学习训练与生活关怀，并签订一帮一师徒合同，共同承担考核，通过耐心细致的技能帮扶，逐步提升班组业务能力和管理水平。各班组长对员工工作效能进行操作评价，形成实际操作评价表；分厂组织品质、工艺等专家，对班组实际操作效果进行督查，形成督查表。人力资源部门对督查表和实际操作评价表进行比对后，排名通报，按照20%的比例评选优秀师徒，进行物质奖励和精神奖励；对排名靠后的员工要召开会议，分析原因，提出改进措施；对连续排名靠后的员工，要进行专项培训。

（2）建立班组容错机制

班组长对新员工实施容错管理，在不违背安全生产规则、未造成重大损失的情况下，对员工所犯的小错误不进行处罚，以批评教育为主，每周总结错误，形成整改报告，制定改进措施，全方位提升员工的技能水平。同时，根据员工的性格、能力、爱好、特长、家庭背景、困难、建议等，有针对性地开展班组辅导帮助，有重大问题和困难，可以上报车间和公司，帮助员工解决实际困难。

（三）改善企业的工作环境

1. 构建和谐的人际关系

首先，企业领导者应该给予员工以充分的尊重与信任。企业领导者不仅要尊重员工的职业选择和职业规划，更应该尊重员工的价值观、人格、情感及需要。

其次，与员工建立有效的信任关系。信任关系的建立是"以人为本"的企业文化的根本体现。企业应建立公开、透明、民主的管理制度，企业领导者应对企业员工一视同仁，做到言必信、行必果，发挥好应有的示范带头作用。

再次，企业领导者应经常深入车间、走进员工内部，了解员工的真实想法与意见，与员工建立起亲密的同事关系。企业应建立健全的沟通机制，畅通沟通渠道，缩短沟通链条，方便员工反馈意见。

最后，加强对员工生活状态及情绪变化的关心与关注。具体来说，企业不仅要关心员工的工作状态，更要多关心员工的家庭生活，帮助员工解决工作、生活中遇到的各类问题，缓解员工压力，多组织开展以员工家属为中心的多样化娱乐活动，更好地和员工及其家属沟通、交流，不断强化企业与家庭的凝聚力与亲和力。

另外，在日常管理过程中，如果发现员工有不良情绪，企业管理者应及时询问其产生不良情绪的具体原因，对员工进行合理化疏导，使其积极投入工作中，加强员工对企业的归属感和认同感。

简而言之，在市场经济背景下，增强员工归属感是一项系统、复杂的工程，容易受到多方面因素的影响，企业必须将增强员工归属感作为一项重要工作，对不同员工采取不同的措施，促使他们积极参与工作，不断提高软实力，增强核心竞争力，走上健康稳定发展的道路。

2. 建立良好的企业文化

员工满意度是指员工对自身工作以及获得满足感上的评价，这种满足感既包括物质上的满足感，当然也有心理上的认同感，建立良好的企业文化是提升企业员工满意度的关键举措。对此，首先要注重意识方面的提升，即培养员工对企业文化的认同感，只有认同企业的核心价值观，才能让员工在工作的过程中有更多精神上的归属感和满足感，用部门知识竞赛等文化培训活动可以有效消除部分员工的抵触感，提升对企业的认同度和满意度；其次，制度文化建设能够起到约束员工行为的作用，是企业文化建设中必不可少的一部分。在当前形势下，企业应当将制度文化建设与员工满意度管理结合，将内在精神意志转化为外在行为，包括科学的薪资管理制度、绩效管理制度、激励制度等，当明确清晰的制度成为员工工作的规范和依据时，员工对工作的认同感和归属感会提升，对企业的满意度也会提升；最后，企业的行为习俗文化会对员工起到较大的感染作用，企业领导人员和核心人物应当以身作则，规范自身行为的同时用积极的话语鼓励员工，积极听取群众意见，成为员工的模范带头人物，增强员工的凝聚力和对企业的满意度。

3. 高效践行企业文化

公司在提供就业机会、城市建设等多方面做出了贡献，在承担企业社会责任方面做出了表率，形成了较为优秀的企业文化。虽然公司员工对企业文化满意度较为认可，但是企业文化还有较大的提升空间。公司要制订员工企业文化培养专项行动计划，通过计划的实施帮助员工快速理解和接受企业文化，进一步增强团队的协作意识和能力，减少员工流失。

相关研究也证实了这一点。组织信任是企业社会责任的主要结果，企业社会责任反过来影响员工的情感组织承诺。公司要通过多方面的手段来宣传企业文化，除厂报、新媒体等方式外，要特别注重让员工深度参与企业文化的宣传，如评选优秀员工、优秀班组长等，印发文件通报表彰践行企业文化的优秀员工，并将物质奖励和精神奖励发给员工所在家庭，增加荣誉感和仪式感，引导员工更加认同企业文化。

（四）降低工作方面的压力

1. 做好新员工关怀

针对新入职员工工作压力较大的问题，要从新员工这个"源头"抓起，降低新入职员工的工作压力，帮助他们卸下"思想包袱"，改善满意度。一是做好新员工招聘。坚持本地化优先的招聘思想，对员工特别是新员工从员工招聘环节开始，实施新员工筛选流程梳理，优先录用吃苦耐劳、抗压能力强、与企业文化志同道合的员工，并实施15天内"大浪淘沙"计划，通过证件审查——形象审查——参观工厂——心理测评——体检——结构化面试——向亲朋好友确认信息真实性——筛选等，选拔出能适应和认同企业文化的长期员工，择优予以录取。二是实行专项关怀。对新录取的员工，15天内由班组长、厂长开展面谈，办公室辅助实施帮扶，帮助员工解决工作和生活的困难，减少思想包袱，增进对企业的了解和认同。新员工进入各工作岗位前，各班组长需为新员工发放劳保用品，坚决杜绝新员工未佩戴劳保用品直接上线，新员工入职第一周，班组长对新员工的劳保用品无理由补充（遗失、破损等）；对新入职的员工实行为期7天的岗位实操指导：工艺禁令、产品知识、零件识别、标准动作、效率要求、品质知识、设备保养、岗位安全防护、班组纪律等，将关怀时时处处体现到行动当中，指导新员工操作，帮助其纠正不合格的动作，提升工作效能，减少意外伤害。在工作餐等业余时间，班组长要主动组织新员工一起到食堂就餐，一起进行体育和娱乐活动，利用就餐时间和相对轻松的环境，了解新员工的心声和困惑。心理方面关怀至关重要。有研究也表明，对员工心理健康的忽视，会引起效率低，员工流失等情况的发生。三是实行班组柔性化管理。降低新员工的生产负荷，合理确定生产任务，严控各个岗位的加班强度，超负荷运转的要实行强制休息，确保达成一定数量的休息时间，员工新入职3个月内一般不安排长时间连续加班，1个月内一般不安排轮班。

2. 降低劳动强度

数据分析显示，工厂员工对工作时间较长、休息时间较少、劳动强度较大、生产线不友好这几个方面的满意度较低。可以通过以下三个方面措施降低劳动强度，在不影响整体工作任务的同时，尽可能减少工作时间。

（1）合理调配淡旺季生产

将旺季生产定额中的基础物品调整一部分到淡季进行生产和储存，在淡季时生产和储备，旺季时可以直接使用，可以在一定程度上均衡全年的生产负荷，避免旺季长时间的加班和突击生产。这样既能够降低旺季生产负荷，也可以减少因淡季向厂外借调员工需异地工作产生的不满情绪。

（2）增加休息时间

对工间休息，要加密频次，上午下午再增加一次，避免员工长时间站立带来的劳动疲劳感，工间休息时可以组织开展健身操、肩颈运动等有益于员工身心的活动。对生产负荷较大的岗位，要严控加班时间，实行强制休息制度，预计达不成每月休息时间的，要提前安排强制休息。每月对各车间作息时间进行考核，保障员工的作息时间，能够在工作时间内完成任务的给予额外的物质奖励。对生产任务较重的岗位，制定替换岗位和轮休计划，调配其他岗位员工或者老员工帮助员工完成生产任务，减少频繁轮班和长时间加班现象的发生。同时，要实行人性化关怀，满足员工必要的请假需求。

（3）改进生产线

对劳动强度较大的岗位开展专项分析，对操作不友好的生产线，从产品装配、工艺改善、简易自动化等角度推动整改，确保整改在生产任务下达前完成，进一步降低员工的操作难度和疲劳程度。工作满意度和压力之间有一个强的负相关。所以，进一步降低劳动强度，可以大幅降低工作压力，从而达到提升满意度的效果。

3. 提供生活便利

员工对生活便利和娱乐设施等方面较为关注，公司在这些方面还有需改进之处。建议从以下几个方面改进。

①针对大部分员工居住地为企业所在县的乡村的实际，在较为集中的村镇增设上下班班车车次，提高班车的覆盖率，尤其是在冬季做好通勤保障，减少交通意外，降低通行时间，提升满意度。

②针对员工更加热衷于互联网和娱乐设施的特点，建设一批他们喜闻乐见的娱乐设施，且专人专用，减少管理层的使用频次，如室内健身房、游泳馆、电影院等，使员工足不出厂就能够得到良好的娱乐休闲；要实行厂区 WIFI 全覆盖，方便其工作之余随时网上冲浪，特别是对员工宿舍，要提高无线网络的带宽，免费上网，便于员工充分利用网络放松。

③提升食堂餐饮质量，优化供餐时序，满足后面批次员工用餐需求。

④对女性员工特殊关怀，公司员工女性占有相当一部分比例，对谈恋爱、结婚和怀孕问题开展专项管理项目，结合民俗、习惯、员工顾虑等进行改善，每年组织四次（每季度一次，可以结合情人节、七夕等节日增加）以上工厂内相亲会活动，帮助其减少因为工作不能兼顾婚恋的顾虑；针对工厂内工龄满 6 个月的员工申请夫妻房，资源优先倾斜年轻的员工；将孕妇调配到较轻松的工作岗位，不给孕妇安排上夜班；准备好高脚凳和靠枕，有特殊需求的孕妇可以坐着进行作业；食堂定期推出孕妇餐，确保其营养均衡；定期开展孕期知识讲座，宣讲公司的有关优待政策，协助其正常办理产假，足额享受产假工资。

（五）重视员工的发展与晋升

领导者应该以身作则，加强自身对现代管理理论知识以及行业专业知识的学习，构建学习型组织，对下属起到道德规范和标杆表率的作用，不断提高自身管理水平及专业素质从而赢得下属的信任、认同和追随。

1. 尊重员工的个性发展

现代企业的管理是一种互动式的管理，管理者与被管理者在相互尊重的前提下互动发展。在管理者与被管理者自然存在的信息不对称条件下，尊重员工的个性发展已成为实现互动式管理的前提。企业管理者给员工以充分的尊重，了解其个性和需求，帮助其成长，这不仅可以拉近管理者和员工的距离，还能够增强企业的凝聚力。另外，重视并尊重员工的职业生涯规划，适时向员工提供培训、晋升的机会，使员工在工作中得到锻炼和提升，提高成长价值。

2. 科学制订职业计划

某企业内部调查发现，员工的学历普遍不高，对职业发展的影响较大，职业发展容易出现"天花板"，公司绝大多数员工成长为班组长或者高级工就到了职业发展的瓶颈期，几乎难以突破，但青年员工对自身职业发展前景又充满期待。公司要结合公司战略目标，充分考虑员工对职业发展的期待，分类制订发展规划，对于积极追求进步、个人上进意愿和行动强烈的员工，公司应当进行有针对性的调研和谈话，对员工的职业发展进行差异化规划。特别是针对员工职业"天花板"问题，为员工突破"天花板"提供一定的机遇。要将职业计划和培训教育统筹结合，与大中专院校密切合作，开展在职培训教育，使得员工能够获得较大的综合素质提升，特别是学历方面取得提升。学历提升后，可以为突破职业"天花板"提供较为有效的支撑，要为员工制订更加富有特色的职业计划。从职业计划来看，职业计划有个人和组织两个层次。从一个组织内部来看，这两个层次是高度联系和统一的。要强化计划实施的评估和考核，确保职业发展计划按期执行到位，使组织和个人实现共同受益。

3. 加强员工培训

员工综合素质的提升是企业长远发展的关键因素，员工的综合素质提升与员工的培训和学习是紧密相连的，企业应为员工搭建学习平台，创造良好的学习条件，营造学习氛围，激励员工不断学习，提高个人综合素质，以更好地为公司创造效益。

第一，领导者应从自身思想上加强对员工培训工作的重视，树立科学的培训理念。企业员工培训是提高员工理论知识水平、业务技能及个人素养的有效途径。企业必须端正自身态度，重视员工培训，从根本上改变对员工培训的偏见，保证培训经费，培养与企业发展相匹配的人才，才能更有利于企业的发展壮大。

第二，构建学习型组织，是促进员工个人层面和团队层面学习的一个很好的途径。对于新入职员工采取师傅带徒弟的方式，帮助新进员工更好更快地融入企业，特别是对于那些无法用语言进行沟通的老员工的工作技巧及工作经验，对新进员工快速融入企业是至关重要的。在师傅带徒弟的过程中，徒弟可以通过贴身学习提升自己的工作技能，也可以增进新老员工之间的友谊。

第三，多样化培训形式。为了确保企业在市场竞争中立于不败之地，必须跟上时代的步伐，不断更新企业的培训形式，来适应社会经济的快速发展。企业管理者在制订培训计划时要根据公司的实际情况，结合公司业务淡旺季时间，科学合理地安排培训时间。不同岗位的员工可根据其岗位性质合理安排线下培训时间。培训形式也可通过线上培训模式，通过图片、文档、PPT、音频、视频等资料发送给员工的方式，让员工利用闲暇时间自主学习，也可以通过微课程或者视频会议的模式呈现给员工，并建立微信学习群，员工可以在群中提出平时工作中所遇到的问题或者培训中感到困惑的问题，并设有专业老师进行讲解。

4. 指导员工职业生涯规划

为员工选取适合其发展的职业路径，让员工的优势可以发挥出来，进而实现自己的职业目标，公司应为员工发展提供所需资源，辅助员工做好职业生涯规划，并在实施过程中不断完善。

（1）优化员工职业生涯规划设计

一个人的性格决定了其为人处事的方式，也影响其工作效率及办事风格，通过对员工性格以及应用能力的测试，充分认识员工自身性格以及应用能力上的优势及劣势，帮助员工在工作中更好地发挥自身的长处，合理定位员工职业目标。根据员工职业目标，可将其职业生涯计划划分为初期、过渡期、成长期、平稳期四个阶段，在实施过程中，对实施效果进行跟踪并评估，发现不足，及时完善修正。

（2）改善员工职业发展路径

针对岗位发展空间较小的员工，公司可以通过同级岗位轮岗的方式，让员工更全面地了解公司的各岗位情况，也可使员工获得更多的工作体验，为职业发展奠定坚实的基础；为体现岗位公平竞争的原则，对于符合考核要求的员工，可以通过升职审批升级；相反，不符合岗位考核要求的员工将会被降级，同时公司会调整其相对应的薪酬待遇。

（3）加强员工职业生涯规划培训

增加专人负责培训和指导员工职业生涯规划，增加职业生涯规划理论与技巧课程，以最直接有效的方式对员工的职业生涯规划做培训指导。根据员工的培训需求，针对员工的能力欠缺强化培训力度，力争促进员工的全面发展。

5. 拓宽员工晋升渠道

企业一般包括综合部、财务部、销售部、采购部、质检部、研发部以及生产车间等部门。针对企业目前晋升职级数量较少、晋升标准不明确以及晋升渠道单一等问题，可以通过拓宽员工职业发展通道和增加晋升职业数量来解决。

（1）拓宽员工职业发展通道

一方面，定期调整员工在企业内部的岗位，既可以提高员工的能力，也可以让员工充分了解公司的整体运行情况。轮岗可以在低成本、低风险的前提下帮助企业培养出大量复合型人才，是企业促进员工职业生涯发展的重要手段，它能够拓宽职业宽度，满足员工成长的核心需求，尤其是在企业内部晋升机会较少的情况下，岗位轮换不仅能减少员工工作的不满情绪，而且还能够提高员工工作的新鲜感，使员工充满动力，突破职业生涯的瓶颈。

另一方面，可以实施内部竞聘，这给员工带来了机遇和挑战，愿意参加竞聘的员工可通过竞聘突破自己，进一步实现职业目标。

（2）增加晋升职级数量

企业要增加晋升职级数量，员工在纵向业务升级的同时，可以进行横向的工作转换与选择。企业的双重职业发展通道，既突出强调了专业技术岗位的价值，也满足了基层员工的晋升需求，与传统制造型企业的发展需求是相匹配的。

（六）提升公司管理和服务水平

1. 提升并完善公司综合人力资源实力

从公司来讲，现行的人力资源配置基本按公司常规的发展阶段进行配置，随着公司战略规划的调整和重点业务的开展，公司进行了部分人员梳理、谈话，这部分员工离开了公司。但留下来的员工并非全部"精兵强将"。在这样的情况下，公司在招聘新员工时，需要更重视未来人才的培养。除了招聘，人力资源版块还需要为员工营造氛围，增强员工的归属感。员工对公司的归属感和认同感是影响员工满意度的重要因素，即使人在公司，但对组织没有归属感，再优秀的人才也会弃公司而去。优秀人才一旦流失，那公司前期所做的招聘努力就前功尽弃了。

2. 建立差异化培训体系

对公司员工来说，无论是头部管理公司还是下属分子公司，开展的都是入职培训和日常基础工作中的生态合作伙伴技术交流活动，暂未开展其他培训项目。从公司的发展规划来看，可以从以下几个方面实施差异化培训。

（1）培训岗位差异化

公司原有培训均是按员工普适化进行的培训，培训的内容也均为公司普适类的内容，包括公司常规流程、公司文化、公司产品及服务、生态合作伙伴交流沟通内容，市场部、技术部、各职能部门共同参加培训。就传统常规公司来讲，这样的培训方式都过于简单化。随着公司的业务发展，对各版块支撑能力需求越来越大，公司应积极开展不同岗位的差异化培训。

对于市场部员工，主要培训商务沟通技巧、谈判技巧、统筹和协调训练、商务的其他技能培训等，让市场部的员工在掌握公司本身的产品和服务内容的同时，能将公司服务内容与客户需求进行更好的融合，牵动项目达到成功的目标。对于行政、人力资源部门的员工，一方面培训相应的公司业务流程，使其对公司整体运作有整体观念，另一方面，针对行政人员培训关于互联网企业方面的行政服务体系，让行政人员更具备整体服务理念，做好员工支撑和服务工作。

人力资源部门的员工，需要通过培训提升专业技能。从人才招聘、绩效管理、文化活动等各方面进行专业培训提升，让人力资源部不仅仅成为一个"只负责招人进公司"的部门，更成为与公司业务、运营各版块全量融合的部门，所招之人符合各部门业务发展的需求，更能成为公司长远发展的驱动力；从人力资源专业角度管理好员工，让员工开心进公司，愿意留在公司，更愿意积极主动学习，与公司共进退，真正成为公司大家庭的一员。

（2）培训内容重点业务化

公司确定了重点业务方面，全体员工就需要围绕重点业务方面，全面开展自己版块的工作以共同推进。但根据访谈情况看，目前现状是无论是总部还是分子公司，一般都是重点项目组的成员清楚了解项目情况并努力推进，但其他部门不一定清楚了解项目情况或者只知道自己负责的部分，导致各部门员工在共推项目时沟通协调出现矛盾。这就需要公司形成重点项目公示和培训制度，让涉及重点项目的工作人员都了解项目的构成、推进时间要点、进度要求、各版块工作的配合要求、定期信息同步并更新，以及各版块的奖惩机制等。确保项目在推进过程中，真正实现公司合力。这样员工对于工作付出能看到项目成效，从而获得工作的成就感。

（3）培训层次差异化

公司的管理人员素质参差不齐，经验及年龄不同，综合素质能力也不同。在未来，公司想要保持稳定快速地发展，对于管理层的培训和提升是必不可少的课题。一方面，强化人力资源管理方面的领导意识，优化调整原有的"经验丰富即可为公司带来效益"的理念，重新规划制定人力资源方面的人才引入及阶梯定级认证标准；另一方面，对公司现有的管理人员进行重新梳理，重新考核和匹配管理人员。对综合素质较为欠缺的管理人员，有针对性地进行综合素质培训提升，并设定培训后的考核期，到期考核不过关的管理人员，则按普通员工的级别进行安置。后续晋升均按公司人力资源制度执行。

（4）培训资源扩大化

公司原有的培训均是简单的流程培训，没有针对性也并未取得实质性业务效果。但公司在培训资源上是具有优势的，可根据自身资源，提升公司培训效果，增加公司运营效率。

第一是公司内部集聚了大数据行业的顶尖技术人才，他们可以在不同版块为其他员工进行交流培训的同时，也可以带教新进的技术人员，以"师傅带徒弟"的形式，让新进员工在感受到组织温暖的同时，能尽快适应工作岗位的内容，快速衔接项目。市场部也可以按这种方式，让有项目成功经验的员工剖析分享项目签约的全流程，分析总结项目关键点，让新进员工可以快速全局地熟悉项目，也可以让其他职能部门了解到项目成功的背后也需要各部门的支持和配合，同时也是给了优秀员工以一个展示的机会。

第二是引入外部培训。外部导师培训是大型企业最常采用的培训模式。公司可以根据行业发展情况和业务需求，从外部高校、市场行业中引入专业的高级人才，对新领域、新技术等公司业务相关的内容进行培训讲解。

第三是交流培训。公司下属分子公司十余家，每一家分子公司成立的时间不同，业务侧重点也有所不同。但在市场上各分子公司可以独立开展业务，也可以联合共同承接项目。在这个基础上，各分子公司的管理运行机制有所同也有所不同，然而整体的大基础都是公司总部，这就造就了天然的分子公司之间互相交流培训的土壤。互相交流培训，可以取长补短，互相分享经验，共同完成一些流程再造或提出对公司发展有益的建议。

3. 完善行政服务体系

公司员工工作压力不小，需要公司组织提供各方面的关怀和帮助，解决好基础问题，员工才能更安心在一线为公司打拼。

一是为员工营造良好的工作环境，配置工作所需的强有力的工作工具，公司也是如此，从基础的办公环境开始，舒服且合理分区的办公环境是营造员工归属感的第一个重要手段。但因为公司建立初期时间不足，目前办公区区域地段非常好，但相对的装修水平与其地段位置价值不符，与"央企"形象较格格不入。其下属分子公司在初期建立时也较为朴素，近两年新建的分子公司才开始注重公司环境形象的打造。公司是员工待得最久的区域，好的环境会让员工的归属感更强。公司后期如果能提升一下原来老旧的办公设备，改善员工的工作环境，采纳员工的装饰装点建议，共同打造融合员工想法的工作空间，增加员工的参与感和共建感，也是提升员工满意度的一个方面。

二是加强管理效能，协助员工规划和协调安排工作，提升工作效能，减少甚至避免加班；现如今"996"已经是一种流行于大数据或互联网行业的工作用语，这种文化的认同度在互联网行业内已经成了默认的现状。虽然公司并不完全实行"996"工作模式，但因为公司性质的特殊性，也存在日常加班，另外周末或者其他休息时间可能会接到上级通知，要求紧急加班或出差。类似这种以时间换产出的工作方式，也可能是一种非常低级的产出方式，员工长期处于工作负荷和心理负荷状态，不太可能有良好的情绪表现，进而影响高效率和高产出。在这个方面，公司行政服务体系建设上，可以考虑更多融入公司业务运营管理流程，与其他部门沟通，在参考部门关于员工工作时间方面的安排基础上，行政部门可以考虑让员工的"加班"更人性化，更温暖化，让员工不那么排斥加班，甚至让员工认为工作是让自己体现价值感的事情。其主要手段：一方面，可以建立工作价值体现区域，让那些放弃休息为公司努力奋斗并取得成交的员工在公司显眼的文化墙上得以展示，增强员工的成就感和价值感；另一方面，如果确实无法避免加班，也可能通过类似阿里、腾讯等互联网大公司的行为和手段，为员工减轻加班文化带来的负面影响。例如，为加班操劳的员工提供加班福利，除了人力资源版块需要规划的加班薪酬、整体绩效奖金、目标达成后的假期奖励等，还有日常加班生活关怀。目的是减少员工对加班的排斥，让员工感受到公司一方面通过运营流程优化减少加班，另一方面在不得不加班的情况下，公司全面考虑和关怀加班员工的工作生活状态。但这些都是常规的必做小动作，真正要减少加班情况，从公司的角度来讲，公司更需要尽快提升员工的工作效率，除了规划和协调安排好员工的工作时间，关心员工的工作状态，更重要的是培养高效能的员工，从根本的原因即管理方式上挖掘效益，通过组织为员工赋能，减少和避免加班文化，形成公司内部的"正能量"文化，提升员工的满意度。

三是建立公平透明的竞争晋升、培训、其他工作资源、信息等体系制度，帮助员工提升个人和团队素质；此外，公司还可以考虑提供更多的公开展示平台，让员工更多参与讨论和决策，达到有效的沟通，使员工的工作目标与工作路径一致。在员工生活方面，关心关爱员工，落实各项福利和保障，与员工定期沟通并了解公司员工整体的生活背景情况，有的放矢地对员工的生活提供相应的关怀和帮助。公司与员工"共同进退"，让员工在工作和生活中能放心而从容地为公司奋斗和付出，从而获得公司与员工的双赢。

4.加快公司信息系统建设

在员工反映的问题中，涉及公司经营的部分里，有很大一部分是关于公司运营流程方面急需优化的内容，包含但不限于公司办公系统、客户管理系统、产品服务系统、项目管理流程等。公司虽然属于大数据公司，在各项大数据平台搭建和治理等方面具有全国性的优势技术，但是在内部系统工作中，内部信息化还未达到日常业务的水平。目前，公司的办公系统为总部和各分子公司所共用，但属于普通版本，且分子公司需要增加功能或者模块，需要衔接总部并与厂商进行沟通，处理完成，灵活度较低。办公系统承载着公司内部大量的工作信息和处理，系统厂商的信息安全保密级别和手段也是令人担忧的一部分。内部业务管理系统不够成熟，而是基于目前项目的推进情况，由公司技术部员工于工作之余进行简单的开发，满足一些基础的业务信息档案和记录等功能。

所以，公司应加快公司信息系统建设，整体实现公司运营的信息化，提升运营效率。首先需要解决内部业务系统问题，如果条件允许，建议直接带代码购买一整套办公系统，再加持公司自身的信息安全技术，以确保公司业务系统的信息安全及日常使用和更新。关于员工日常沟通和协调工作的网络工具，也可使用基于公司的控股股东中国电子已经开发并全面推行的"蓝信"程序，该程序基于中国电子的网络信息安全技术，确保使用过程的信息安全。涉及公司各项业务系统，可由公司组织专业技术人员根据公司的业务特征，结合市场常规业务系统进行快速采购和开发，以形成公司内部的业务方面的信息化管理系统，让项目减少表格流程处理，实现各类资料档案信息化并形成内部的信息库。通过各类信息化手段，减少冗余流程节点，加快信息同步和更新频率，辅助员工快速推进并完成各项工作，提升员工的工作效率，增加满意度。

（七）提升员工对领导者风格的满意度

1. 强化领导者人格魅力

企业领导者虽然已经具备了某些优秀的特质，但如果想要成为一名优秀的领导者，还必须注意领导方法和领导艺术。随着时代的不断发展，公司的规模以及所处的发展阶段也发生着改变，这就要求领导者要紧跟时代的步伐，结合现代的管理办法，如愿景领导法、共享价值和企业文化法等，以达到实现管理的最终目的。

领导者要想起到领导力的作用，不能只依靠公司制度和权力，更重要的还要依靠领导者的人格魅力。企业领导者应该在工作中注意自我人格的塑造，强化自身的人格魅力，从而达到提高企业效益的目的。

（1）注重语言的艺术运用

一方面，领导者要学会倾听。如果领导者过于强势，不善于倾听，也不给员工说话的机会，对有不同意见的员工搞"特殊对待"，久而久之，员工便会逐渐失去与领导者沟通的欲望，即使在工作中发现问题或者有好的建议，也是三缄其口。营造良好的沟通氛围，奖励提出好的建议和想法的员工，鼓励员工踊跃献计献策，从而达到管理沟通的目的。

另一方面，领导者说话要发挥艺术。领导者在说话的时候，言辞要恳切，要切实立足员工的立场，感受诉求及问题所在，进而给予员工以支持与帮助，用语恰当又情真意切，让下属对其产生信赖之感。想要真正听到员工的心声，领导在说话时就必须能让下属感觉彼此地位平等，而且所关注的焦点、在意的事物是一致的。

因此，领导者的话语内容既要立足事物本身、瞄准员工诉求，更要通俗易懂、求真务实。在与下属沟通的过程中，领导者还必须保持相当的耐心，并给彼此以足够的表达空间和时间，而不是仅仅强调自己的观点和想法，鲁莽打断别人发言，甚至不让下属表达自己的观点。面对复杂情况，当发现自己的想法和意见无法迅速为下属所理解时，领导者不能责备抱怨，更不能动辄问责惩罚，而要耐心解释、不断说明，真正为下属所认可，逐步提升自身仁慈领导者风格的形象。

（2）树立领导者权威

领导者权威是一种软实力，是以精神感召力、影响力、凝聚力等让人信服的威望为基础的，并通过组织赋予的权力来影响和改变他人思想、行动的一种支配力量。因此，领导者在管理过程中，不能简单粗暴地依靠组织赋予的领导权力进行硬性管理，而应该赋予领导权力以温度，使其从硬性影响力变为软性领导力，从而发挥更长远的影响效力。

一方面，领导者应该自信，领导者的自信可以使员工更加有底气，从而认同领导者自身的人格魅力；领导者还应充分信任员工，授予员工以自主决策的权力，充分发挥员工的潜能，提高员工自我实现的高层次需求；同时，领导者应该注重规范自己的言行，为自己的言行负责，不轻易许诺员工，一旦承诺就一定要兑现，只有言行一致才能树立自身的信誉，达到塑造自身人格魅力、被员工认同的效果，逐步提升自身德行领导者风格的形象。

另一方面，领导者对待所有员工要一视同仁，以树立自身的正义感并提升员工的公平感。领导者一定要划清公与私的界限，在工作问题上严格按照公司的制度办事，做到公事公办，树立领导者的威信。当然，在不违背基本原则的情况下，给予下属以适当的关心照顾，这既是合情合理的做法，也是人性化管理的需求，从而逐步提升自身德行领导者风格的形象。

2. 知人善任，有效授权

（1）知人善任

知人善任既是领导艺术的重要组成部分，也是领导管理活动的重要基础。"千里马常有，而伯乐不常有"，领导者应具有准确发现人才的眼光，成为善于发现"千里马"的"伯乐"，这就要求领导者要具备敏锐的洞察力和捕捉力，善于发掘未被雕琢的"璞玉"和掩埋在沙子里的"金子"，并且在引进人才后要"知其短，用其长""知其德，用其才""知其心，用其能"。正确的用人方法可以使人才发挥其优势，回避其劣势。因此，领导者要把握好知人善任的度，根据人才的特点善用其长，辩证看待人才的表象和本质，科学选人用人。

（2）有效授权

面对日益激烈的市场竞争，领导者很难独自应对挑战，授权行为的重要性日益突出。研究发现，领导者授权行为可以刺激员工的工作效率和内部动机，并增强员工的主动性行为，如提出更多的建议和创新。

高授权的领导者更愿意与下属分享权力，并提供便利条件与资源，及时排除工作障碍，帮助下属承担更多责任，通过授权让他们自主决策，表现出对员工完成工作的信心，从而增加了员工的工作积极性。

领导者不愿放权的原因主要在于：首先，领导者对下属的信任度不足，担心下属的工作能力无法达到最终的目标；其次，领导者过于自信，认为自己可以将企业的一切事务扛起来，不需要下属过度参与公司的管理；最后，领导者担心下属有了权力后会自我膨胀，造成不好的局面。因此，领导者在授权员工权力的时候，应建立相应的监督机制，防止下属滥用职权，并且授予员工权力的同时要求其履行相应的职责。杜绝为了授权而授权，授权的前提是为了更好地开展工作，要谨慎授权，一旦授权便要给予下属以充分的信任，同时做好监督指导工作。

领导者要根据员工的工作能力和工作态度采取不同的授权方式。对于刚入职的新员工，一方面缺乏工作经验，另一方面业务水平相对不高，此时领导者应采用制约授权的方式加强其基本技能的学习；对于已经积累一定工作经验的员工，可采用弹性授权以培养其处理困难问题的能力；对于公司核心管理人员应采取充分授权，使其工作能力得到最大限度的发挥，为企业创造更高的效益。授权应因人而异，让下属接受被授权从而发挥出最大的潜力，要切忌过度授权，从而适得其反。

科学合理的授权不仅能够发挥员工的内在潜力，而且还能充分发挥授权管理的优势。在授权之前要对员工有充分的认知，明确其长处和短处，判断其能力与潜力，适度授权。授予员工权力的同时，还要其履行相应的职责。用人不疑、疑人不用，通过对员工的层层把关对其绝对授权，就应该相信自己的判断，也应该相信员工有能力做好本职工作。当员工通过自己的不断努力做出成绩时，领导者应及时给予肯定和表扬，使其产生荣誉感，满足其更高层次的尊重需求从而更加努力地为企业的发展贡献力量。当员工在工作中遇到问题时，应该耐心教导、及时指正，使其在最短的时间里快速成长，同时，逐步淡化员工对自身高权威的家长式领导风格的不满。

为保证被授权的各级管理人员更好地做出管理决策，建立科学合理的决策工作流程至关重要，可以有效帮助和监督被授权人员合理使用其所拥有的权力。企业管理决策的整个过程包括：①问题识别。与决策问题直接相关的部门及人员提出问题，公司决策层对所提问题进行有效识别和判断；②确定决策标准。公司决策层与问题提出部门共同就提出问题进行分析评判，列出与决策相关的各类因素；③确定决策标准的权重。各项决策的标准不是同等重要的，采取财务打分法，最重要的因素打10分，以此类推，比如对于一个主要原材料供应商的决策，分别就价格、质量、售后以及供应商资质四条标准进行打分，最重要的价格为10分，最不重要的供应商资质为1分；④拟定备选方案。为应对复杂环境下的各种问题，公司决策层以及问题提出部门应共同研讨并列出可能的所有方案，以备特殊情况之需；⑤分析选择最佳方案。根据决策标准对每一个备选方案进行评价分析，由公司决策层进行判断并选择最佳方案；⑥实施及监督决策方案。将决策传递给相关人员并督促实施过程，做好有效监督和评价工作。

3.加强与员工沟通

（1）畅通沟通渠道

畅通沟通渠道是管理活动中最重要的部分，企业管理者经常发出信息和指令，这些信息和指令支配着整个沟通过程。沟通的实际过程也就是信息的准确传递与接收的过程。沟通全过程受到信息发出者、信息、编码、媒介、译码、信息接收者、反馈等多重因素的影响，因此想要准确无误地将自己的意愿传达给信息接收者需要进行科学合理的设计。要想达到有效沟通的目的，首先，要明确沟通的目的，界定信息的内容；其次，要选择适当的沟通媒介，因为不同的媒介和沟通方式可能给信息接收者以不同的感受或者影响其理解程度；再次，要排除信息传递过程中的各种干扰因素，有效识别核心信息；最后，信息接收者在收到信息后要及时将自己理解的信息反馈给信息发出者，与其确认是否正确接收到了信息发出者的本意，如有偏差要及时更正。

1）增强沟通意识，转变沟通理念

领导者应尽快改变其一言堂的家长式行为习惯，树立平等交流、相互尊重的沟通理念，给员工创造一个良好的沟通环境，鼓励员工大胆谏言，从简单粗暴的下行沟通转变为上行沟通、下行沟通双向沟通的模式，提高沟通效率，从而提升企业的管理水平。

2）多元化沟通渠道

首先，想要提高下行沟通的效果，领导者应该营造一个宽松和谐的沟通环境，鼓励员工积极反馈，确保信息传递的准确性，且容易被下属理解接受，从而顺利完成任务，而不是简单粗暴地向下属下达命令，员工即使有疑虑也不敢与领导者再次确认信息，以免给领导者留下能力不足的不良印象。

其次，领导者的威权领导行为，导致员工上行沟通不畅，员工即使对任务内容有疑问或者有好的想法或建议，也不敢向上反馈，造成领导者无法及时了解员工的想法和建议，长此以往，员工便会心生怨气，消极怠工。因此，领导者应该弱化其威权领导行为，强化仁慈领导行为，通过各种渠道收集员工的真实想法和建议，重金奖励被采纳建议的提出者，鼓励员工大胆谏言。

最后，要加强部门之间的平行沟通，一方面可以增进部门间的友谊及了解；另一方面也可以减少部门之间相互推卸责任、效率低等问题，从而增强企业的内部凝聚力。信息技术的快速发展为企业的内部信息沟通提供了有力的技术支持。

因此，企业必须要充分发挥现代化信息技术的作用，利用现代化信息技术来建立对应的信息交换平台，使信息的传递变得更加快速、高效。这样既拓宽了沟通渠道，也能帮助企业更加高效地利用各类资源。除了传统的会议、电话、面谈等沟通渠道外，企业还应充分借助视频、E-mail、微信、QQ、OA办公系统等网络技术，缩短与员工的沟通距离，建立高效的网络沟通渠道，为企业做出快速精准的决策打下坚定的基础。

3）善于倾听

管理者要耐心倾听每位员工的建议，通过眼神交流、肢体语言让员工感受到领导者对其重视与肯定，切忌打断对方，洞察员工的言外之意，领导者要设身处地地为员工着想，站在员工的角度换位思考，善于在倾听中引导员工，增加员工对领导的信任度。

4）鼓励员工大胆谏言

在原有的逐级负责、自上而下塔式管理的基础上，增加管理人员与被管理人员无缝衔接的扁平式管理，积极鼓励基层员工大胆谏言，使领导者可以接收到来自员工对公司经营管理中的信息反馈，一方面可以加强对中层管理人员的工作监督，避免中层管理人员徇私舞弊、隐瞒不报，另一方面可以让包括员工在内的公司所有员工都为公司的发展认真思考，充分发挥群体智慧。

（2）建立沟通机制

沟通是提升员工满意度的关键。有效的沟通可在企业内部形成信息共享的环境和良好的人际氛围，从而增强员工的安全感，提高企业的员工价值。因此，企业管理者应设计好纵向和横向的沟通渠道，在企业内部建立有效的沟通机制，使组织的智慧能畅通地传递。这样也便于企业管理者和员工保持密切沟通，及时帮助他们解决问题。而且，通过员工之间的有效沟通，还可以消除员工之间的摩擦，使员工享受到工作带来的愉悦，形成良好的人际关系和团结互助的团队精神。

4.认可员工的成绩

领导者能够宽容并支持员工，改善员工晋升的平台，创造员工需要的自由氛围，使得员工充分认识到领导者对自己的关注与需求，可以有效提高员工的满意度。

加薪是一种对员工工作能力认可的具体体现，领导者可以通过加薪来表达对员工工作能力及工作成绩的认可，从而鼓励员工在今后的工作中要再接再厉，同时也让员工能够感受到自己的努力没有白费。

晋升也是一种认可和鼓励员工工作成绩的有效方式。大部分员工的工作目的都不仅仅是对薪酬的追求，更是对自身能力提升及被领导者认可的追求。特别是当员工已经不被物质生活困扰的时候，人们更多的是实现对自我价值的追求。因此，领导者还可以通过晋升来提高员工的满意度，实现员工对自身职业生涯规划的目标。

除此之外，领导者在看到员工的工作成绩与进步的时候，应当及时通过口头表扬、书面表扬，甚至授予其优秀员工等荣誉的方式给予其工作所取得的成绩与进步的肯定与认可，同时为员工提供多样化和挑战性的工作，赋予员工更多的工作自主权，充分发挥员工的聪明才智，在企业内部营造一种尊重劳动、尊重知识、尊重人才、勇于创新与拼搏的企业文化。

5. 加强理论学习

领导者应该以身作则，加强自身对现代管理理论知识以及行业专业知识的学习，对下属起到道德规范和标杆表率的作用，不断提高自身的管理水平及专业素质，建立学习型组织，从而赢得下属的信任、认同和追随。

企业领导者对建立学习型组织的态度直接决定了学习型组织建立的成败，领导者的主动性和创造力对创建学习型组织至关重要。完美的领导者不仅要具有持续学习的理念，还应大力支持学习型组织的建立，并为员工的积极参与树立榜样。

此外，领导者应做好对学习型组织人员的培训工作，并通过建立激励和保障制度来鼓励学习型组织的建立。员工是学习型组织的参与者，他们的参与率也至关重要。我们需要加强引导帮助新员工在组织中定位，并在新老员工之间建立沟通，以便新老员工之间传递经验和知识。在促进员工学习的同时，我们必须继续探索提高组织学习效率，并不断提高组织学习水平的途径。

创建学习型组织的基础是关注和尊重员工的公平与发展。企业不仅要重视企业的发展，还要重视员工的发展。因此，在此期间，员工将通过实现自己的职业生涯发展来尽最大的努力为公司做出贡献，这样一来，不仅公司可以发展壮大，员工还可以发挥自己的全部潜力，创造非凡的成就，在精神上成长并实现自我。

领导者必须充分削弱威权领导行为，并树立高德行的领导风格形象。优秀的领导者会为员工的生活和工作提供指导和帮助，员工也会对领导者所给予的关怀心怀感恩，并愿意服从领导者的命令。领导者与员工之间的关系是双向互动的。优秀的领导者通过强调宽容和个人照顾，给予他们帮助，从而与员工建立相互理解、信任和认可的关系。这种积极的态度可以为公司创造一种自由、舒适、冒险的氛围，有效地激发员工在工作场所的创造力和生产力，从而有助于改善公司绩效。

综上所述，随着公司的不断发展，创业初期独断专行的高权威的家长式领导风格已经不适用于公司目前的环境变化，领导者应根据公司所处的不同发展阶段，构建动态变化的领导风格，逐步向着低权威、高仁慈、高德行的家长式领导风格转变，从而有效提高员工的满意度。

第四节　员工生命周期调查

一、生命周期理论

企业生命周期理论最早由伊查克·爱迪思提出并定义：世间万物都必然遵循从出生到灭亡的发展规律。企业的成立和发展与自然界中的生命并无不同，有从创立到发展到繁盛再到破产或被收购的过程。国外学者主要依据经济增长阶段模型、高管管理风格和创业精神、企业规模等来划分企业的生命周期。

国内的学者对企业生命周期阶段的划分有"四阶段""五阶段""六阶段"等不同观点，其中，企业"四阶段"发展理论被学者广泛接受和认可。在"四阶段"发展理论中，学者将企业在不同的生命周期阶段的特征进行归纳总结，具体表现为，在企业生命周期的初创期，企业初期本身各种制度的不完善，以及几乎没有品牌效应、社会信用度较低等，导致该时期企业自身资金体量小、投资需求大，但融资能力有限，企业负债率较高，经营活动净额和投资活动净额流出大于流入额。在利润率上呈现高价格、高毛利率、高投资低利润的现象，企业经营风险较高。

成长期企业综合实力持续增强，企业形象、产品品牌、社会认可度等企业重要因素已逐渐被行业、社会广泛认同。该阶段企业已积累了相对丰富的资金和较大的生产规模，投资需求适中。该阶段企业主营业务收入增长率、营业收入、净利润等关键指标呈现大幅度的增长；从资产结构来看，固定资产大幅增加，占总资产的比重较高；相对于企业其他周期，资产周转率、资产收益率均较高。在成长期，企业依旧处于"提升阶段"，内部筹资的力度尚显不足，仍需大量的外部筹资，筹资活动净流量为"正"，投资活动净流量为"负"。

成熟期企业在多个重要方面皆处于平稳增长的状态，资产结构合理、盈利水平稳定、现金流转顺畅，具体体现为在生产规模、客户渠道、市场份额、销售水平、盈利水平、品牌和企业整体形象等方面已较为成型。部分产品由于具有技术或质量优势已成功占据了该领域的重要市场份额，并处于主导地位。在财务特征上，这一时期，由于随着股权融资要求与投资需求的调和，企业资产负债率较低且波动较小，致使呈现出资产负债率达到最低的资本结构状态。资产规模增幅可能低于净利润增幅，主营业务收入增长率也可能低于成长期。流动比率能够达到 1.5 以上，企业经营活动活跃，利润率最高，资金充足，企业内部筹资足以支持资金活动，投资活动和经营活动净流量净额皆为"正"，筹资活动净流量为"负"。

衰退期阶段的企业在外部环境中要么是行业整体发展不景气，导致利润水平下降严重，要么是行业进入壁垒较低，潜在的竞争者和进入者不断瓜分市场份额，同行产品差异不明显，竞争优势减弱；而且企业内部的创新能力较差，盈利能力较差，或者由于大额的失败投资导致资金严重短缺。此阶段企业需要尽可能巩固现有市场份额，对亏损产业进行剥离，采用防御型财务战略来减少淘汰风险。此阶段财务风险是整个寿命周期中最高的特殊阶段，固定资产和总资产增长率同时呈现负增长，资本负债率较高，盈利急速下降甚至亏损；市场份额被抢占严重、品牌效应较差、整体业务竞争力较弱，出现大量滞销存货，筹资渠道较窄，现金流出多于流入，该阶段投资现金流量和筹资现金流量分别为"正""负"。

二、生命周期研究进展

（一）企业生命周期理论研究进展

1959 年，海尔认为，企业从创建到衰退的过程类似自然界生物的生长过程。自此，学术界对企业生命周期开始逐渐重视。1972 年，格雷纳进一步对其概念进行了概括。他主张，企业在前期生产阶段会不停地投入人力及物力，到了后期就会不断地产出产品，将产品与外界进行交换来获取利润，之后用获得的利润继续进行生产，依次循环，一旦开始，便不会停止，除非公司面临破产。

1989 年，爱迪思基于可控性和灵活性，出版了《企业生命周期》一书，他认为企业在衰退时的灵活性缺乏，但具有可控性；在初创时则相反。企业不断发展，所处的生命周期阶段也不断改变，要想保持旺盛的生命力，一直存续下去，管理者需要根据企业所处的市场及外部监管环境，制定适合企业发展的路径并付诸实践，指引企业更快更强发展。

如果内部没有特殊因素的影响，如创新变革或重大决策失误；外部不发生灾害、盗窃以及战争等，那么一个企业从刚刚创立的初创期一直到破产重组或被收购的衰退期就代表了企业发展的全过程。目前，初创期、成长期、成熟期和衰退期是一种主流的划分方法。《中华人民共和国公司法》规定，在申请上市前的三年内必须具有盈利能力且必须持续盈利才可以批准上市。

（二）企业生命周期划分方法

对于企业的各个生命阶段，国内外学者普遍采用定量方法进行计量研究。计量方法主要包括以下三种。

1. 单一指标法

单一指标法是一种较为简单、便捷的方法，是指对企业在各个阶段的特征进行充分对比后，从中选出自己认为对企业发展最为重要的一个指标，然后根据这个指标在某段时间的变化趋势，来区别某一时间企业处于哪个生命周期阶段。例如，丹尼等研究发现，企业产品的销售增长率对企业发展最为重要，所以选取它作为划分依据。迪安杰洛认为，对企业发展产生影响的最重要因素是留存收益与所有者权益之比，因此选择它作为划分依据。

2. 综合指标法

因为企业是一个复杂系统，各个生命周期阶段企业的发展环境不同，日常的经营管理也会受各种因素的影响而变得复杂多样。因此，为了清晰及准确地对生命周期进行划分，学者研究出了新的多项指标综合为一个指标的划分方法。综合指标法采用较多的财务变量以及非财务变量，所以在处理数据时，能够保留大部分样本，对公司状况进行全面刻画及反映，保证研究的准确性。

1992年，在财务研究范畴，安东尼和拉梅什用股利支付情况、企业成立时间、主营业务收入本年较上年的增长率以及资本支出率综合划分。约瑟夫提出与安东尼相同的指标。2003年，安东尼等发现股利支付情况并不适合作为划分依据。

李云鹤基于安东尼和拉梅什的方法，同时结合中国上市公司产业之间的差异情况对生命周期测度方法进行调整，提出了四个国内较为认可的指标（企业成立时间、留存收益率、营业收入本年较上年的增长率及资本支出率）。

3. 现金流组合法

2000年，狄金森提出现金流组合法。现金流组合法能够反映企业经营水平和战略选择之间的动态关系，同时较为全面地反映出企业资源配置情况。处于成长期的公司，投资项目多，对资金需求旺盛，因此其筹资和投资现金流分别为正和负。处于成熟期的公司，因为其较强的持续经营能力和稳定的市场份额，所以其经营现金流为正；此时投资及筹资现金流为负，因为公司仍然需要大量投资项目以将剩余的现金流量组合全部归入衰退期。

三、企业生命周期对薪酬差距与员工离职关系的调节

（一）成长期

在成长期，企业的主要目标是寻求更广阔的发展机遇，拓宽产品市场，加大产品开发力度以提高市场份额。企业的快速发展势必伴随大量人力资本资源的投入，为充分吸引综合素质高、创新能力强的优秀人才同时留住内部人才并充分调动其工作积极性，极具吸引力与竞争力的薪酬待遇和较大的企业内外部薪酬差距，不仅有利于企业储备雄厚的优秀人才力量，激励员工积极投身于企业未来的建设，还能激励员工正确树立在企业经营发展过程中主动承担风险的意识，继而使其有理由继续留在企业而非主动离职。此外，成长期企业往往面临更多的技术挑战、更高的失败风险以及更大程度上的环境不确定性，因此处于成长期的企业，管理层更多地被赋予了带领企业做大做强的职责与使命，尤其是在战略制定和项目投资等直接影响企业生死存亡的重大时刻，需要管理层拥有超强的管理技能和专业知识以做出决断，员工对高管的高薪酬本身有较高的容忍度。

此外，基于锦标赛理论，较大的企业内外部薪酬差距一方面作为对高管高风险承担和强能力贡献的补偿，体现了企业对人力资本的重视，有效增强员工对企业未来发展的信心；另一方面作为"锦标"以激励普通员工提高工作努力程度，充分调动员工间的良性竞争，增强员工的工作投入度和创造性，由此继续留任组织参与锦标竞争的倾向大幅提升，主动离职的可能性大幅降低。

与此同时，基于成长期人力资源制约背景，为吸引外部各类优秀人才加盟以及体现企业重视人才的理念，对于新老员工而言，均势必须要给予颇为丰厚的薪酬福利条件，略高于行业基准的薪酬水平自然更具竞争力与说服力。

在成长期，企业的快速扩展使得内部的员工队伍开始出现分化趋势，一方面，核心技术人才团队和销售团队各成体系。而成长期企业多为销售导向，依托销售目标和业绩的激励机制已然相对完善，但对于其他职能部门的员工缺乏相应的激励机制，此时较大的外部薪酬差距显然能够有效缓解不同员工队伍间的冲突，在稳定军心、提高员工工作满意度等方面无疑具有积极的现实意义。另一方面，企业规模的不断扩大势必伴随对各类优秀人才需求的增加，员工队伍开始出现"新旧"之分，"创业元老"与"新生代"两类员工团体出现，此时较大的外部薪酬差距意味着企业内部晋升的相对公平性以及组织对优秀人才的高度重视，可以最大限度地激励新员工以为企业尽心尽力，出谋划策，员工工作积极性受到显著促

进，产生被排挤或职业晋升通道狭窄的心理感知的可能性大幅降低，最大限度地缓解了新老员工的冲突，进而员工离职的可能性随之降低。

（二）成熟期

企业进入成熟阶段后，其盈利水平达到最高，形成了相对稳定的组织结构，员工绩效考评制度也更为合理完备，整体的薪资水平显著提升，企业良好的效益和稳定的工作安全感极大地降低了人员流动性。在这一阶段，由于企业形成了相比成长期更加稳定的组织结构及更雄厚的资金总量。企业高管的竞争意识与创新思维均有一定程度的弱化，为促使他们保持原有的执行能力与竞争意识，避免出现生产和管理老化的现象以保持企业灵活性，继续推进企业发展运作和延长企业红利期，有必要在继续广纳外部优秀管理人才的同时，不断积极激励内部人才。根据企业的盈利状况及个人业绩对员工采用不同的激励方案，即此时较大的企业内外部薪酬差距有利于充分激励其以更积极的状态投入工作中，防止企业因成长活力停滞、生产经营老化、发展态势滑坡等而加重人员流失的程度。

此外，较大的企业内外部薪酬差距使得企业的监督成本得到有效缓解，高管的行为得到进一步引导和规范，对企业绩效持续产生正向促进效应的同时增强了企业竞争力，有效抑制员工离职行为的发生。学者延森认为，处于成熟期的企业，其内部委托代理以及信息不对称问题空前严重。较大的企业内外部薪酬差距也有效缓解了委托代理问题，提高员工对企业的互惠感。

同时，处于成熟期的企业，其相对完善的制度与体系却在一定程度上限制了普通员工的自由发展。虽然企业当前的规模、利润及声誉等实属可观，但企业内部官僚之风盛行，如管理层级冗杂，程序烦琐，效率低下等。员工听从上级安排，主观能动性严重受限，自我价值实现空间狭窄。结合马斯洛需要层级理论，处于成熟期企业的员工，尤其是一些资质较老、在企业中工作年限较长的员工，对自我价值实现的追求更为迫切。然而，当前企业中这类员工往往工作稳定性较强，缺乏挑战性和新鲜感。

而恰恰自我价值实现的需求得不到满足是造成成熟期员工离职的主要原因之一。相比于成长期，此时更具竞争力与吸引力的外部薪酬差距无疑在最大程度上填补了员工的心理空缺，以增加薪酬的方式适时为员工的"牺牲"做出补偿，结合企业目前良好的经营效益和个体内心普遍追求稳定的心境，有理由认为大部分员工会选择继续留任而非主动离职。

（三）衰退期

企业步入衰退阶段之后，利润空间不断缩小，其竞争能力和盈利能力均可能面临极高的下滑风险，企业该阶段所面临的经营风险空前加大。处于衰退期的企业内外部均处于环境极不稳定的状态，内部薪酬差距过大势必加重企业消极情绪，员工将会由最初对企业的不公平感进一步发展到对企业未来丧失信心，产生懈怠乃至离职行为。最后，企业员工考虑自身未来的发展以及目前在企业所处的职位层级，较大的内部薪酬差距只会更大程度上使薪酬较低的员工感受到更为强烈的被剥削感，破坏团队的稳定性。

此外，处于衰退期的企业发展速度低缓，成长机会缺乏，内部管理层级结构逐渐僵化，组织制度透明度降低，内部组织氛围萎靡，企业内部人心涣散，各类冲突及矛盾也空前增多，员工对薪酬差距的容忍度达到最低，对组织发展和个人发展期望值将更低。

同时，处于该发展阶段的企业在生产规模、员工规模、管理层级方面仍庞大臃肿，伴随着企业多年的发展，内部的官僚、腐败等不义之风盛行，企业战略决策过程复杂，手续繁多，运营低效，组织对外部环境变化的应对能力极大地减弱。此时组织内部环境萎靡，创新变革极度缺乏但又极度稀缺，团队合作或知识共享也极为受限，员工思想僵化、墨守成规，高管作为企业创新改革的主要领航人，面对着较成长期和成熟期更大的风险与挑战，甚至要以自己的前途甚至未来的职业生涯为代价，结合企业环境萎靡、外部机会诱惑等，这势必加剧衰退期企业的人员流动。对于普通员工而言，其工作属性与人力资本均明显有别于高管人员。具体而言，员工的主人翁意识和力挽狂澜的勇气本身均在高管之下。目前，拥有较高薪资水平的员工出于对自身未来发展的考量以及避免继续留任企业所面临的降薪风险，可能做出离职行为，况且目前较高的薪资也可作为其跳槽去其他企业进行薪酬议价的砝码。

同理，薪资水平较低的员工若离职意味着离职后极度受限的外部机会以及较低的议价能力，与其如此，不如坚定信心、破釜沉舟，团结企业内部力量积极参与企业的创新改革，况且"衰退"本身并不代表"灭亡"。

四、使用人力资源科技手段优化员工生命周期

中小型企业可以通过软件将其人力资源（Human Resources，HR）管理联机到网上，这是前所未有的选择。但是，选择带来了复杂性，即拥有如此众多的软件，人力资源主管如何确保他们为组织所正确使用？这些软件工具通过执行如招

聘、入职、福利登记以及更多在线任务等,可以简化传统的基于纸张的流程并优化员工体验。

一个需要考虑的因素是选择一体式人力资源系统还是各种积分解决方案。多合一系统通常提供更广泛的 HR 功能,以管理整个员工的生命周期。另外,积分解决方案仅解决人力资源生态系统的一部分,如工作时间和出勤。在某些情况下,需要解决方案。如果企业有独特的工作时间和出勤需求,那么可能需要比全面的 HR 系统中包含的解决方案更强大的时间跟踪解决方案。但是对于大多数雇主而言,多合一解决方案具有足够的功能。

(一)优化整个员工生命周期

多合一系统的功能支持对整个员工生命周期进行管理。换句话说,新员工将从与公司第一次接触的下线过程就使用该系统。这些功能包括申请人跟踪、入职、福利登记、工作时间和出勤、带薪休假和离职,并且可能包括其他合规性或员工沟通工具。与逐点解决方案不同,这使人力资源部门能够在整个人力资源范围内全面实现效率的显著提升。

(二)一次数据输入

通过使用单个平台,员工数据只需输入一次即可。在员工注册福利时,无须重新输入在申请和入职过程中输入的信息。使用单独的系统或基于纸质的流程意味着员工信息不会被存储以备将来使用,而员工在重新注册福利时必须每年多次重新输入其地址或社会保险号等数据。另外,单点数据输入使人事部门和员工的管理过程变得更加简捷,并且减少了错误,提高了合规性。

(三)一站式支持

使用多点解决方案来管理员工的生命周期会降低首先使 HR 联机所获得的效率,因为这样做员工需要跟踪多个登录名和密码,从而导致错误产生,入职流程中的错误可能对员工的任职资格产生不良影响。而人力资源部门必须与单独的、分散的支持团队打交道。如果使用的是多个系统,则此过程可能需要通过多次致电或给不同的支持团队发送电子邮件来解决。

(四)易于使用

人力资源部门在使用福利登记平台时常抱怨的问题是员工不懂技术。一些员工无法登录或不确定如何使用该系统,而这似乎是技术问题,而不是解决方案问题。另外,让雇员一开始与公司接触之时就使用全面的人力资源信息系统,这意味着当福利登记等工作到来时,他们已经对使用该系统感到熟悉。这意味着他们可以更好地完成工作,做出更明智的选择,最终使员工更加满意。

第五节 员工情绪分析调查

一、员工情绪及其相关理论

(一)情绪定义

情绪就像认知和意识这些概念一样,尽管经常被提及,人们却很难对其进行准确定义。

研究者常常根据研究问题的角度不同导致对于情绪的关注有所差异,从而产生各种对于情绪的不同的定义。据统计,心理学界对情绪的定义至少存在90种。在这些不同角度的情绪定义中,大部分都基本承认了情绪是心理和生理共同作用的过程。其中,伊扎德的研究是最被广泛认可的,他认为,情绪具有三个基本成分,即主观体验、外部表现和生理唤醒。

其中,主观体验是指机体对情绪状态的自我感受,如快乐、悲伤、愤怒等情绪。主观体验存在个体差异,即对于每种具体的情绪刺激,个体会产生不同的主观感受。这种个体差异与个体本身当前的情绪状态、个体的生长环境、文化水平、家庭背景以及基因都密切相关。排除个体差异,情绪的主观体验不仅与情绪刺激有关,而且与外部表现以及生理唤醒都存在着相互联系,如主观体验会引起相应的面部表情、生理变化以及行为变化,外部变化也可以激发或者进一步加深个体的主观体验。

外部表现,一般包括面部表情、语音语调和姿态。面部表情是面部肌肉群发生变化所组成的某种特定模式。例如,愉悦时会微笑,嘴角上扬,眼睛放松,额头平展;而紧张时会皱眉,牙齿肌肉紧张。同样的,身体姿态也会随情绪发生变化,如消极情绪状态中经常出现的耸肩,紧张时时常伴随的身体战栗。语音语调也会明显随情绪变化,如高兴时语速加快,语调高昂。这些外部表现与生理唤醒紧密相关,通常来说会和某些生理唤醒特点同时出现,并且成为情绪内在感受的外在表现。这些特点有利于对个体情绪状态进行判断,广泛应用于情绪的面部识别、姿态识别和语音语言识别的相关研究中。

生理唤醒是指情绪产生的生理激活或者生理系统状态的改变。不同情绪的生理反应都有其特异性模式，如兴奋时可能拥有比放松时更高的心率；焦虑可能会让人呼吸困难、手掌出汗。这些生理状态的改变也会促进机体的主观体验更为深刻，如意识到心跳加快，呼吸困难后感到更紧张，甚至有的观点认为外部表现和生理唤醒是主观体验的基础。

情绪的这三个基本成分相互影响、相互作用，共同构成情绪过程。而这三者之间的具体关系一直是情绪研究中争论的重点。在情绪理论的发展过程中，对情绪基本成分及其关系的学术观点发展成了各式各样的情绪理论。在情绪的研究中，有代表性的理论有以下几种。

在早期的情绪研究中，詹姆斯和郎格提出情绪是伴随对刺激物的知觉直接产生的身体变化的观点，他们将这种变化称为植物性神经活动。这种观点也被称为詹郎二氏情绪论或者情绪的外周理论。詹郎二氏情绪论主要认为，情绪过程是由刺激物首先引起机体产生生理变化，然后生理变化进一步导致了情绪的内部体验产生。

詹姆斯认为个体遭遇挫败感受到悲伤然后哭泣，实际上是身体感受到哭泣、呼吸阻力等生理变化才导致心理上的悲伤，或者紧张害怕时发生战栗是先感受到身体的战栗、心跳加快和呼吸加快等生理变化再产生恐惧的情绪。詹郎二氏情绪论是科学界第一次尝试定义情绪过程中的生理变化和主观体验之间的关系，对后续的情绪研究有很强的启发意义。

坎农和巴德批判了詹郎二氏情绪论，他们认为情绪产生的顺序应该是外界刺激首先被机体感知，即神经冲动首先传递到丘脑，丘脑同时将相应的信号传递到自主神经系统和高级皮层，高级皮层感知这些信号形成情绪的内部体验，自主神经系统受到刺激产生特异的生理唤醒。这种学说认为丘脑是情绪产生的中心部位，因此也被称为情绪的丘脑学说。从现在看来，坎农-巴德的情绪理论的方向是相对正确的，神经生理学的研究发现，在这个过程中发挥主导作用的是下丘脑和边缘系统，而不是丘脑。在詹郎二氏情绪论和坎农-巴德的情绪理论出现之后，关于情绪的本质和其物质结构的研究如雨后春笋一般出现。

帕佩兹提出，大脑的情绪处理过程在结构上存在一个环路，包括下丘脑、海马、扣带回、丘脑前核等结构，这个环路也被称为帕佩兹环路。后来，麦克林在帕佩兹环路中加入了杏仁核。他认为，杏仁核同样在情绪体验中占有非常重要的地位。同时，麦克林还正式定义了边缘系统，其组成包括海马结构、海马旁回及内嗅区、齿状回、扣带回、乳头体以及杏仁核，并且下丘脑被看作边缘系统的中心。这些解剖学的研究所提到的生理结构也就构成了情绪生理机制的基础。

除此以外，有相当多的心理学家在情绪产生过程中更加强调认知的作用，他们认为情绪是生理和认知之间相互作用的结果，这也是继承了早期情绪是认知的附属产物观点。例如，阿诺德认为，产生情绪的主要原因是大脑皮层的兴奋；沙赫特的情绪认知理论认为，情绪受到认知、环境、生理唤醒三种因素的制约，并且其中最关键的是认知；拉撒路认为，情绪是由认知评价对事件刺激的反应产生的。这些理论解释了情绪和认知的关系，在解释情绪时赋予了认知特别的重要地位，却将情绪本身看作一种认知，从而忽略了外部表现和生理唤醒的成分在情绪过程中的重要意义。

随着现代生理测量技术和神经影像技术的发展，还涌现出其他许多情绪理论。一些理论认为，情绪环路中存在快速反应和慢速反应两种通路。慢速通路的刺激信息首先要经过皮质的精细加工处理，使机体实现对情绪的控制并采取更理性的行为和应对刺激的方式，这是大部分情绪的处理方式。而快速通路则没有精细加工的过程，而是由丘脑将信息直接传递到杏仁核，从而使机体可以迅速对刺激做出反应，从而更好更快地应对，这主要是对恐惧等情绪的处理方式。还有的学者认为，情绪中枢神经反应模式是特异化的，即存在不同情绪和不同脑区之间的对应关系，不过直到现在还没有比较一致的研究结果，因为不同的个体偏好、个性差异、文化背景都会影响脑区的活动模式。也有的学者认为，情绪的自主神经反应和中枢神经激活存在整合，从而提出了情绪环路模型和神经内脏整合模型，这些模型从更宏观的视角看待情绪的过程，将其看作一个更复杂的、更系统的反应过程。这些不同的情绪理论研究也足以说明了情绪生理机制的复杂性。

（二）情绪文化

1. 情绪文化的概念与内涵

有关社会文化的综合定义，目前学术界普遍认可的、最广为人知的定义来自泰勒。泰勒指出，文化是一个复杂的整体，文化包括知识、艺术、信仰、法律、道德和习俗，以及人类作为社会成员所获得的任意其他能力和习惯。自泰勒开创这一领域以来，文化的理论化和定义已经历了强有力的演变和扩展。

有关组织文化的定义，文化在组织层面被不同的角度定义和研究。因为不同学科常常对组织文化有不一样的见解，组织理论家对"视角"这个更开放的概念和"范式"这个更具限制性的术语的偏好不同。总体来说，在解释、预测和评估组织文化理论时，普遍采用的是一种透视而非范式的方法。

斯里拉梅什等指出，组织文化是一个由共同的价值观、符号、意义、信念、假设和期望组成的集合。目前，学术界对组织生活中情绪的关注表明，即使是对组织文化最充分的定义，也仅仅局限于组织文化认知系统方面，而忽视了情绪这一关键部分，因此有关组织文化的概念仍不完整。值得注意的是，许多学科将情绪视为文化的一个离散方面，如人类学、社会学、心理学，同时也将文化视为一个组织与其成员之间的一组共享价值观、信仰和假设。

施恩等阐述了"文化的动态定义"，承认了组织的可观察模式中有认知和情绪两大体系，并指出，一个群体的文化可以定义为该群体在解决其问题时积累的共享学习，当它的效果已经足够好时会被认为是有效的，因此组织将它作为正确的感知、思考、感觉和表现的方式教给新成员。

日尼斯等从研究工作中的人际关系出发，认为情绪、情感和认知的组织文化，从理论上看是一个整体，因此具有战略优势，因为工作本身不是单一的结构，而是一种分支的情感体验，可以促进思考，表达员工幸福感，这些反过来就是积极的组织成果。

有关情绪文化的定义，巴萨德等指出，情绪文化与情绪不同，但并非独立于情绪，它的区别在于构成了情绪文化表现形式的行为规范、器物、潜在价值观和假设。根据谢勒等的研究，情绪可以由四个相互关联的因素或子过程（如认知、生物、情绪和生理）来表征，这些因素或子过程代表相对短期的，通常是特定刺激个体对情绪相关事件的反应机制。

这些因素是感官加工的催化剂，它们创造了个体的个人情绪环境，能够影响每个人注意到、感觉到和做什么。相比之下，情绪文化为感官创造了一个集体环境，包括组织的关系、文化条件下的情绪和认知维度。值得注意的是，情绪文化并没有将情绪局限地作为结果变量，而是将情绪的内容融入其中，并区分出不同的情绪会以怎样的方式产生不同的结果，如员工态度、工作满意度和组织承诺。在实现这些结果的过程中，学者将沟通视为情绪有形化的中介。

根据巴萨德等的说法，"感觉机制"和"规范性法规"这两种表达机制负责将情绪文化传递给有意义的员工。也就是说，"感觉机制"解释了真实感受和体验到的情绪，而"规范性法规"解释了符合群体期望但不是真实感受到的情绪。

哈特菲尔德指出，员工可通过模仿他人的面部表情、语调或肢体语言，在一种被称为传染的潜意识过程中，真实地感受或"捕捉"他人的情绪。一个类似上述的过程，被称为情绪劳动，员工会管理甚至抑制他们的情绪，以符合工作要求。通过非言语沟通渠道、肢体语言和生理暗示的结合建立起来的"感觉机制"和"规范性法规"，整合了对共同感觉或共同想法的表达。

2. 情绪文化的层次

组织情绪文化和组织认知文化一样，可以通过抽象的结构层次来观察。组织情绪文化共三个层次：第一个层次属于浅层面，它明显且易被发现，可以被员工和非员工看到，用非话语的模式表达，如语音语调、面部表情、肢体语言和肢体接触等。工作场所的手势符号，问候时声音的响亮程度，见面微笑时嘴角的上扬弧度，护工主动给病人拥抱，或是领导主动与下属握手，都阐释了该层次的情绪文化所蕴含的力量。第二个层次超越了非语言方式的沟通，包括组织内部的文化产物、知识和仪式。换句话说，以一种简单的表达方式来彰显组织文化，例如，即使濒临项目截止日期，组织也要暂停一个会议，以此来为组织成员提供片刻的快乐和幸福感。第三个层次，该层次属于深层次，如果不彻底了解、学习和掌握组织的价值观，员工就很难观察到如何理解、阐释和表达这些价值观。

3. 情绪文化的组成

整体而言，情绪文化囊括了一个组织的成员如何看待、体验和解释特定情绪。总体来说，情绪文化由七部分组成：快乐的情绪文化、友爱的情绪文化、感恩的情绪文化、自豪的情绪文化、恐惧的情绪文化、悲伤的情绪文化、愤怒的情绪文化。

H.乔治·弗雷德里克森等在之前所提出的积极情绪的拓展——构建理论的基础上，对情绪进行了划分，将其划分为积极的情绪和消极的情绪，并提出了日常生活中积极情绪和消极情绪之比的临界点，当这个临界点的比例为3∶1时，这个数值就可以用来预测个体的主观幸福感。

施瓦兹等提出，当这个临界点的比例为4∶1时，个体将达到自身的最佳心智状态。罗萨达指出，一个盈利并且受尊重的商业团队，该组织中的积极情绪和消极情绪之比将达到5∶1。弗雷德里克森指出，工作场所中的消极性的存在是无法规避的现实，消极情绪与积极情绪一样具有适应性的意义。同样，巴萨德等指出，每一个组织都有属于它自己的情绪文化，哪怕这一种情绪文化是压抑的。

由此可见，情绪文化虽然不存在绝对的好坏之分，但是可以被划分为积极的情绪文化和消极的情绪文化。其中，积极的情绪文化包括快乐的情绪文化、友爱的情绪文化、感恩的情绪文化、自豪的情绪文化；消极的情绪文化包括恐惧的情绪文化、悲伤的情绪文化、愤怒的情绪文化。

（三）情绪管理的相关理论

20世纪末美国著名心理学研究学者丹尼尔·戈尔曼在《情绪智力》中指出，情绪管理是社会中的个体及群体对个人或群体中的其他人产生情绪的认知、调和及控制等活动。最大程度地发掘和培养个人和群体中其他人的情商及控制情绪的能力，进而保证个人以及其他人的优良情绪状态，通过上述管理过程而产生的一种良好的应用管理方式。

在情绪管理研究理论中，艾伦等提道，通过利用情绪管理对管理能力进行测量，建立了情绪管理影响因素模型，模型中包含了测评及情绪表达能力因素、控制调节情绪能力因素和情绪运用能力因素；哈特曼提道，情绪管理是指对人能够成功产生影响的，面对外界环境压力及承受压力能力、感知能力、处理问题的胜任能力及拥有的技能。

二、员工情绪管理存在的不足

（一）重视程度不够

目前，依然有不少企业对情绪管理工作重视不足，没有意识到情绪管理工作的重要价值，具体表现就是没有给予这一工作以充分的支持，这一工作缺少连续性，没有成为企业人力资源管理领域的常规性工作。在这种情况下，情绪管理工作非常容易被边缘化，成为一项可有可无、可做可不做的工作，情绪管理工作很难取得比较理想的效果。

（二）团建活动不多

团建活动是一项非常重要的情绪管理措施，不过目前一些企业在开展员工情绪管理工作过程中，并不注重开展团建活动，这在一定程度上影响了情绪管理效果。调查发现，企业员工在情绪方面的问题绝大部分来自人际关系的冷漠，当很少开展团建活动时，员工之间的关系可能不够和谐，从而导致员工情绪层面的问题比较多。

（三）员工情绪疏导工作缺失

及时对员工的情绪进行疏导，可以让员工情绪稳定，化解各种不良情绪，减少负面情绪所带来的危害；反之，则容易导致负面情绪的累积。目前，很多企业没有及时开展员工情绪疏导的工作，认为员工情绪需要靠自己解决，而不是靠企业进行干预。

（四）情绪管理培训不足

情绪管理这一工作能否达到预期效果，在很大程度上取决于员工个人是否具有良好的情绪管理能力。目前，一些企业在情绪管理方面最大的问题就是员工自己面对不良情绪的困扰，不知道采取何种措施来应对，导致自己在负面情绪的泥潭中不能自拔。之所以出现这种情况，是因为企业缺少对员工开展情绪管理方面的培训，员工接触不到这一方面的知识，缺少这一方面的技能，自然无法有效处理一些负面情绪。

（五）缺少员工价值实现平台

员工价值实现方面的需求客观存在，当员工不能够实现自身价值时，就会出现一些消极情绪、负面情绪。目前，不少企业缺少员工价值实现平台，没有给员工提供有挑战性的工作平台、适合其特长发挥的工作岗位以及良好的工作条件等，导致员工价值实现困难，由此容易导致员工为情所困，难以积极推进工作。

三、企业加强员工情绪管理的策略

（一）完善激励机制

研究分析表明，情绪运用与工作绩效各维度息息相关，即员工的自我激励能力对工作绩效实现作用较明显。如果员工长期的努力而得不到期望的回报或者奖励，其工作热情就会受到打击，导致员工出现情绪低落的情况。基于此，企业要完善激励机制，对员工应做到奖罚分明。

企业需要在物质及精神方面、需求及职业发展等方面，对员工进行激励。而此类外在的刺激形式会对员工内在心理产生影响，进而实现内在自我激励作用，使员工保持良好的精神状态，为企业创造更加优秀的绩效。

（二）营造和谐的组织与工作氛围

企业软实力的体现即企业文化，提升企业文化建设，能够帮助企业构建良好的工作氛围及融洽的人际关系，可减少员工和组织间的摩擦。另外，顺畅的沟通机制则对企业文化的传播与落实产生积极的影响，能够帮助员工平复消极情绪，所以，企业可在组织内部建立沟通平台，在员工出现负面情绪时，使其有调整情绪的空间和途径。例如，可在企业内设置情绪发泄室，或者通过管理者或同事的帮助实现情绪的调整。通过文化建设这一措施，能够在企业内部营造融洽和谐的气氛，增加员工的归属感，从而帮助员工在情绪智力和工作绩效上得到提升。

（三）变换企业领导方式，促进员工情绪管理

采用对等模式的沟通方式，正面积极引导员工。主要方式即引导，领导者要

积极听取员工的建议与表达的思想，采取对等的沟通交流方式。通过疏导方式引导员工寻找存在的问题并解决问题，要给予员工以充分的肯定，让员工能够充分体现他的获得感和存在感。

有效识别员工的情绪，根据不同的情境因材施教。对于自我管理能力比较强的员工，领导者应适当放权，提供资源或情感支持，给予其充分的施展空间，提高其自我管理能力；对于自我管理能力较弱的员工，领导者要多多予以关注，洞悉员工的情绪变化，与员工建立良好关系，帮助其进行情绪管理。

第三章　智能化员工雇佣旅程周期管理

本章分为"背景调查"智能场景、"新员工入职"智能场景、"员工服务与员工咨询"智能场景、"员工自助证明打印机和自提柜"智能场景、"薪酬福利"智能场景、"学习与发展"智能场景、"离职和离职后管理"智能场景七部分。

第一节　"背景调查"智能场景

相对来说，在人力资源服务领域，区块链应用相对成熟的场景就是候选人的背景调查。基于区块链的教育、技能、职业经历信息的认证，相关信息以不可篡改的形式记录在区块链上，为企业提供了完全可信的信息。

区块链是用分布式数据库识别、传播和记载信息的智能化对等网络，大量不同地点的不同设备同时负责信息的识别、传播和记录。区块链的特点就是去中心化、透明、开放、可靠等。

去中心化特征是区块链相较于传统的数据库"中心化"而言的，也是区块链最核心的特征。其表现为不存在中央处理模型，而是由链上的各节点点对点对接。同时，各节点平等地记录与存储信息。但是去中心化不是绝对的，在私有链中仍存在链下的中心机构。

去中心化体现了区块链的自主性，相当于信息在区块链上不需要经过传统的数据库中第三方的审查，避免了他人的干预，防止信息流程被操纵，从而在信息流程上保真。而传统数据库的"高中心化"致使信息集中在某个管理机构，想要获取信息只需专攻中心机构即可获得，同时在区块链中攻击单一节点不会影响整个网络的运行；相反，对于传统数据库而言，中心库的损坏意味着整个数据库的瘫痪。

匿名化又称假名化，匿名化仅存在于公有链中，体现在节点的成立上。用户在区块链上不需要使用现实生活中的身份，而是节点通过算法自动确立身份。公钥即代表用户，代表现实生活中的身份，匿名成区块链上的 IP 地址。私钥则是操作公钥的唯一密码。实际上，匿名化是去中心化特征的衍生。匿名化在区块链应用中增加了交易的信任度，使得区块链具有安全性和可靠性。

透明性表现在，一方面区块链系统的数据库信息对全网点都是透明的，并且数据时时更新，另一方面存在共同认可的协议，因此每个人都可以记录信息，通过时间戳验证信息和追溯信息。

不可篡改是指不能删除或修改成本较高。由于区块链采取的是分账式信息记录模式，在分账式模式下各节点都可以记录信息形成区块，一旦区块信息符合两个条件，即共识机制的验证和"被添加"至区块链上，则难以"忘记"。相反，在没有达成共识的情况下，修改信息没有任何可能。即使通过共识，其不仅要修改整个链条，参与的节点越多，其链条越长。而且要在一定的时间内修改完成，否则伪造或未修改完成的信息会被舍弃。这让修改或伪造极具难度，从而降低了篡改的可能性，导致了信息的不可逆。因为若某一区块记录要修改，必须要从当前修改的区块一致修改到区块链最末端，如果需修改的区块并不处于创世区块，则需修改区块的上一区块也要进行修改，整个区块链条都会进行变动，即牵一发而动全身。

第二节　"新员工入职"智能场景

新员工入职是每一家公司都非常重视的工作。研究发现，绝大多数的新员工是否会长期留在公司的决定都是在其入职 6 个月内做出的。传统的入职流程需要经过多个步骤和手续，员工和人力资源专员都要花费大量的时间，签署一个接一个的纸质化的合同、福利登记、档案表格等。除此之外，新员工还要前往不同的部门办理各种手续，如领取工卡、计算机，办理餐卡，申请停车位等。然而，各类新技术的引入极大地改善了员工的入职体验。

一、新员工入职常见的风险

（一）招聘描述风险

目前，大多数公司都使用网络招聘渠道，因此需要频繁在各类招聘网站上发布招聘广告。然而，许多公司忽视了职位发布内容的重要性。公司对聘用条件，即职位描述的设计，一定要非常小心，否则日后可能造成员工与公司发生不必要的纠纷和诉讼，甚至公司可能会因招聘广告问题而触犯相关法律法规。

（二）诚信风险

简历是求职者的自我介绍信息，目的在于让用人单位了解求职者的整体情况。求职者的学历、经历等个人基本信息是否准确，直接关系到公司的长远发展。很多人力资源管理人员在招聘时较少严格审查申请人的身份、学历、资历和经验。如果申请人伪造个人基本信息，可能造成岗位匹配的误判，甚至可能损害公司的经济利益和形象。当然，根据《中华人民共和国劳动合同法》的相关规定，如果员工伪造个人信息而入职，那么公司可以无偿终止劳动关系。

但是，公司仍需支付劳动者劳动报酬，而员工在试用期往往价值贡献度极低，边际效益较差。公司也必须投入额外的人力、物力和财力来寻找新的员工。这一切都明显增加了公司的人力资源成本。

（三）职业病风险

工人的身体状况不仅关系到其工作能力和工作效率，还关系到公司的劳动力成本。员工未体检就入职，存在一定就业风险。事实上，个别员工由于患有某些身体疾病在加入公司后不适合工作。但《劳动合同法》规定，如果员工没有违反任何法律法规，公司不能任意终止合同，必须在合同期届满后"有条件"终止。

此外，如果员工在加入公司后在该职位上发现患有职业病的，公司将付出更高的代价。《中华人民共和国职业病防治法》规定，员工在工作中发现职业病的，由原单位承担责任，不能证明的由在职单位承担责任。企业不得在员工患病期间与员工终止劳动关系，在此期间公司和员工可能因"职业病"问题而陷入长期的劳资纠纷旋涡中。

（四）违约风险

现在求职者主动投递简历的情况较少，优秀的人才一般会收到很多公司主动发出的邀请。同样地，公司为了保障岗位招聘的有效性，担心多人违约，经常的做法是，同一个岗位向多个人才发出邀请。一旦出现多人接受邀请，但是公司只能接收一人的情况，其他人员可能会向公司提出赔偿请求。入职邀约是受法律保护的，公司不可随意取消，因此就发生了劳资纠纷。

（五）限制竞争的风险

中高层管理人员以及了解公司商业秘密或核心技术的人员，通常会与原单位签订竞争限制协议或竞争合同。公司聘用的员工与原用人单位签订了竞业限制协议，且期限仍在有效期内的，原用人单位可以要求员工与新用人单位共同承担赔偿责任。因此，公司在员工入职时仔细审核其是否签订竞业限制协议就显得非常重要。

（六）劳动合同风险

劳动合同订立过程中及合同本身经常存在以下风险。

①聘用未与原用人单位解除劳动关系的劳动者。与原单位的劳动关系未终止，给原用人单位造成损失的，公司应当承担连带赔偿责任。

②不按时签订劳动合同。公司在员工入职一个月内未与其签订劳动合同的，必须支付员工双倍工资。

③在签订劳动合同时，公司为降低用工风险而向劳动者收取保证金、担保金。

④劳动合同内容的设计可能违反国家有关法律法规等，导致劳动合同无效或部分无效。

⑤公司未在劳动合同中公布规章制度或组织员工培训学习。

（七）员工未缴纳社会保险费的风险

很多公司都忽视了社会保障方面的用工风险，特别是当员工主动提出不想缴纳社会保险费时，公司为省钱而欣然同意。有些公司甚至认为，拟定了员工放弃社会保险费缴纳权益协议后，这种行为就是合法的了。事实上，这种行为仍是违法的。公司不为职工缴纳社会保险费并不能因员工声明放弃而免除公司的相应法律义务。如果员工在离职后后悔或申请仲裁，公司不仅要支付应计金额，还要承担责任，即使双方签订了合同或保证书，也是无效的。

二、新员工融入障碍的主要表现

（一）岗位融入的不尽如人意

初入工作岗位的新员工由于不熟悉新工作的流程，不清楚新岗位的职责，不了解新技术，而难以融入岗位，无法保持良好的工作状态，并且无法保证良好的工作效率。

具体表现为以下几点：新员工在规定的时间内无法按时完成工作任务；对

如何开展工作毫无头绪；在工作中丢三落四，以点带面，囫囵吞枣；对工作标准、工作内容的理解存在偏差；处理问题缺乏思路，欠周全；发现自身掌握的知识技能与实际工作不匹配时，产生强烈的落差感，进而导致更严重的焦虑和不安情绪。

（二）人际关系的格格不入

当新员工进入一个新的工作环境时，他会因不了解群体的态度、价值和认知而出现认知偏差，这种认知偏差不仅会出现在新员工身上，还会存在于老员工身上。新员工在进入群体后，会根据自身的认知以及情感对新群体进行评价。同时，老员工也会以同样的方式对新员工进行评价。不充分了解以及主观判断会导致偏见的形成，比如老员工不了解新员工的知识背景与技术背景，导致老员工大多会怀疑新员工的素质和能力。

除此之外，成长环境的差异也会引起员工群体内的偏见，尤其是年长员工对新生代员工的行为和态度存在偏见，表现出嗤之以鼻的态度。同样，新生代员工也会对年长员工的工作方式和态度抱有偏见，认为年长员工的工作方式已经过时，甚至应该被淘汰。

（三）企业文化的南辕北辙

新员工初入企业时，对企业价值认同的南辕北辙也会引发融入障碍。

一是有些企业文化要求员工要严格按照固定的时间、流程和方式开展工作，员工可自行支配的时间极其有限，且其能力的发挥也受到抑制，这会让新员工难以适应，产生抵触情绪和行为，严重的甚至会辞职。

二是有些企业不注重团队建设，领导与下属之间的边界划分明确，领导不会因员工初来乍到而给予其更多的关注和照应。新员工由此就会表现出明显的失落以及不安情绪。

三是有些企业为了凸显自身文化的独立性和边界性，会要求员工跳操、喊口号等，这类行为会让员工感到困惑、反感、不知所措，从而难以融入企业中。

（四）沟通的只言片语

正式沟通渠道与非正式沟通渠道的沟通内容及沟通途径均不同。在企业中，正式沟通渠道主要用于传播与企业运营有关的工作信息，而非正式沟通渠道则主要传播包括个人信息等其他信息。企业为了提高沟通效率，要保证沟通内容始终围绕工作信息范畴，会过滤掉与工作无关的其他信息。

除此之外，企业在向下沟通中，会因漏斗效应而使信息在传递过程中产生损耗，导致新员工接收到的信息有缺漏，难以准确领会工作信息的内容。此外，新员工可能会尝试通过与同事沟通的方式去获得信息，却因同事极少给予反馈，以及领导的强势沟通地位而导致无法获得准确的工作信息和沟通结果，从而出现消极的工作状态。

三、"新员工入职"的场景智能化

（一）一站式自助服务平台

为了给员工带来更好的入职体验，很多公司建立起一站式自助服务平台，其直接体现移动化的就是手机端服务、自助化的终端服务以及 AI 互动。候选人可以在入职前通过下载员工服务 App，或通过 PC 端登录员工服务平台上的个人账户，签署"聘用意向书"，提前了解公司文化，办理入职流程，提交个人信息。此外，还有一些公司利用虚拟现实（virtual reality，VR）技术、增强现实（augmented reality，AR）技术，让求职者或新员工更加身临其境地了解公司和职位，甚至利用这种技术邀请公司高管欢迎新员工入职。

入职前一天，数字化员工服务平台会主动向候选人推送公司地址、乘车路线的短信或电子邮件。人力资源管理人员确认入职手续办理完成后，数字化员工服务平台可以向员工工作的邮箱推送入职指引。同时，平台也会推送公司各部门的资源、链接，以便员工最快地了解公司。智能机器人可以随时与新员工交谈，帮助他们熟悉工作环境。

Success Factor、Work Day、People Sot、SAP、用友 E-HR 等都是被广泛运用的人力资源信息管理系统。在智能金融服务领域，被广泛应用的 KOS 图像识别技术也可以被应用在人力资源场景中，无须提前采集人脸图像，只需要提前导入新员工的身份证号，该设备就能自动识别证件信息，并读取身份证上的照片，根据证件照片的骨骼特征进行人脸匹配，新员工入职当日即可实现刷脸签到，可自由出入公司大楼。此外，该图像识别技术还可以应用于门禁、考勤管理等场景中。

（二）电子合同签署以及入职材料的无纸化

随着国家对电子签名、电子印章的法律效力的确认，电子合同的广泛应用也成为趋势。首先，与传统的纸质合同相比，从公司人力资源部的角度看，电子合同可以节约成本且更加环保。其次，电子合同减少了人力资源部在合同印刷、分发、签署、审查、后期保存和管理的工作量，极大地降低了在合同管理过程中的人力消耗。最后，由于所有的合同签署都在线上进行，系统会有详细的合同签署、印章使用日志，使合同管理更加规范化，减少人为的错误及其可能造成的法律风险。从员工的角度来看，电子合同极大地缩短了入职当日签署大量纸质文件的时间，员工也可以通过手机端或PC端随时查看签署过的文件，非常便捷。

市场上已有很多做电子合同的公司，如契约锁、上上签、e签宝、法大大等，但由于电子合同和电子印章的法律效力与各城市的立法密切相关，所以每家公司在其实施电子合同部署之前，必须结合当地的规定。

（三）智慧人事档案

除了电子合同之外，还有数字化电子档案，员工可以通过员工服务App或一站式自助服务平台，用手机拍下部分纸质文件，然后一键上传，系统后台就可以对文件进行电子化存档。同时，利用在智能金融中常用的OCR光学字符识别技术，应用于提取纸质文档中的字符或提取和转换各种介质中的手写内容，如可以自动识别和抓取员工证件、银行卡信息，直接录入HR系统中。文档的电子化极大地降低了纸质文档的存储风险和遗失风险，并提高了查找档案的效率。

1. 建立"数字化人事档案馆"

广义上的数字化人事档案馆不仅仅包括纸质档案的"数字化"，更囊括了人事档案从产生到归档、扫描、数字化、开发利用等全流程的"数字化"。有条件的组织单位可以引入大数据管理方式，配置高端数据存储与查询硬件设施、高清晰度扫描仪、打印机等设备，确保所有人事档案纸质版与数字化版本逐一对应。同时，依靠建立在线档案开发利用审批系统，全面实现人事档案全流程的数字化，使每个业务单元原则上在后期人事档案开发利用上实现无纸化办公。

2. 开发"人才反哺价值识别大数据跟踪服务平台"

作为一种特殊的具有高附加值的生产要素，企业人才可以为组织带来更多的剩余价值。对于企业组织来讲，人才本身具有较高的附加值，这种稀缺性资源可以为企业带来战略性的、长期性的超额获利能力。在人事档案数字化管理模式确立过程中，对人才反哺价值的识别构建起一个基于大数据跟踪的服务平台，这个平台可以纠正传统的"概念性评价"弊端，确立起一种量化考核体系，使我们可以更好地评价人才的反哺价值。

作为人事档案管理的重要维度，"人才反哺价值识别大数据跟踪服务平台"可以内嵌于"数字化人事档案馆"管理系统中，其主要业务包括人力资源规划、人才的引进与培训、绩效考核、职业生涯规划、薪酬福利管理、劳动关系管理、人员异动管理等部分，用于全面地、真实地记录人才成长的点点滴滴。

3. 植入"绩效智能动态预测"管理单元

在数字化浪潮下，人事档案管理走向数字化、智能化最大的一个特点就是唤醒档案的价值创造功能，也就是借助智能 AI 算法对人力资源全过程中成长的点点滴滴进行绩效测算甚至预测。

目前，在我国人力资源档案管理界，常见的数据库类型有 DB2 数据类型、Oracle 数据类型、MSSQL 数据类型、Access 数据类型等，这些数据库的一个发展趋势是面向一种能够兼容各种图像、文字、音频、指纹、面部识别、视频的大数据平台发展。同时，容纳了各种高智人才的基础数据和动态资料，之后的大数据平台可以通过模拟仿真、政策仿真、模型构建等过程实现对这些高智群体的行为预测、绩效产出预测等。

因此，在"数字化人事档案馆"框架下，有必要植入一个"绩效智能动态预测"管理单元，让任何一个人力资源管理、人事档案管理动作都可以被数字化、模型化、预测化。

对企业或其他组织来讲，在未来一段可见的时期内，包括人事档案管理在内的任何企业管理行为在大数据分析、大档案管理格局下都可以被数据化、算法化、可视化，从而可以帮助我们更及时地、更好地矫正企业管理中的各类问题，也就实现了"档案管理也可以创造价值"的命题。

第三节 "员工服务与员工咨询"智能场景

员工在入职之后，在职期间的日常信息查询和咨询是近年来人力资源共享服务中心实施数字化转型的一个重要领域。如今，越来越多的企业对在职员工日常信息的更新和查询、各项审批流程、问题咨询、业务办理等，都提供万维网门户、移动 App、微信公众号、自助终端机和呼叫中心等服务渠道，并运用智能机器人、语义分析等技术，给员工带来数字化体验。

员工通过员工自助服务端口可以查看个人信息、薪酬信息等，更新自己的通讯录、学历信息、银行卡信息等，使自己的相关信息可以与数据库、工资系统同步更新。经理则可以通过经理自助服务端口,查看部门基本信息、部门员工的休假考勤记录、试用期考核等情况,同时将众多工作流程如假期审批、报销审批等嵌入一站式自助服务平台。经理自助服务平台极大地降低了人力资源部的工作量,更提高了经理的满意度。

员工每个月都会花费很多时间查询公司的基本规章制度、流程、业务办理事项等,员工在查询或咨询时,最大的诉求就是"快速"和"准确"。然而在现实中我们经常发现,员工往往找不到服务端口,有问题不知道应该问谁。

智能聊天机器人的应用,可以实现24小时不间断地与员工互动,快速地为员工提供答案,极大地提高了工作效率。此外,智能机器人还可根据反馈不断学习,寻找改进问题的方法。

智能机器人能否真正回答好员工的问题以及是否能够给员工带来良好的体验,其难点主要有两个:一是回答问题的"准确性"。要想提高智能机器人回答员工问题的能力,就需要不断地完善人力资源知识库。人力资源知识库支持基于场景上下文的复杂应答模式,智能机器人在经过逐步训练和深度学习后,才可以越来越多地、准确地回答员工的问题。二是问题的识别,即智能机器人是否能够准确地识别出问题的真正含义。如今,如施耐德的人工智能机器人、京东的人工智能客服系统、IBM借助Waston开发的人工智能机器人等,都活跃在回答员工问题的第一线上。

第四节 "员工自助证明打印机和自提柜"智能场景

员工自助证明打印机与银行的自助柜员机以及医院的报告打印机在功能上非常类似。当人力资源管理人员在系统中完成证明信的出具后,这份证明信就会从系统后台推送至智能机器上,智能机器可以给员工发送电子邮件或短信,员工只需要在机器上扫描一下身份证或员工卡,便可在60秒内轻松打印出加盖了人事印章或公章的证明。员工通过一台自助打印机,就可以轻松完成从打印、盖章、发放到领取等所有步骤。

目前,百度、阿里巴巴、滴滴、戴姆勒、施耐德等公司都引入了员工自助证明打印机,员工对此评价极高,员工的满意度也有了很大的提高。

第五节 "薪酬福利"智能场景

一、薪酬福利体系存在的问题

（一）福利体系不够完善

福利是一种以非现金形式支付给员工的报酬，一般可分为法定福利和公司福利。法定福利是指国家或地方政府为保障员工利益而强制各类组织执行的报酬，如社会保险；公司福利则是建立在企业自愿基础上的，如免费午餐、员工文娱活动、休闲旅游等。关于福利体系的建设情况，目前部分企业在设置员工福利时，没有根据企业发展战略、员工结构以及企业财产状况等进行统筹规划，缺乏系统性，而且大部分是货币型福利、物资型福利，缺乏精神层面的福利。在这种情况下，员工物质需求可以得到一定满足，但精神层面激励的缺失可能也会影响员工的工作积极性。另外，有些企业在设置福利时，整体偏向于年轻员工，忽视中年员工及中高层员工的实际需求，这容易降低中年员工及中高层员工的工作积极性，不利于企业的内部稳定。

（二）薪酬福利定位不合理

在制定薪酬福利体系之前，企业有必要对薪酬福利进行合理的定位。一方面，可以让薪酬福利体系充分适应企业目前的实际情况，提高企业的管理水平；另一方面，可以满足员工的实际需要，让员工明确自身利益和企业利益之间的相互关系，进而有效推动企业向前发展。目前，薪酬福利体系在人力资源管理中发挥着越发重要的作用，提高薪酬福利待遇，满足员工的基本物质需要，是企业管理创新的重要内容。然而，结合实际情况依然可以发现，部分企业存在薪酬福利定位不合理的问题。具体而言，企业管理者在制定薪酬福利体系时，融入成本化思想，并从成本控制角度着手，使得现有的薪酬福利无法满足员工的实际需要。在这种情况下，员工的工作积极性和主动性降低，还可能导致企业员工流失率的增加，对企业的长远发展不利。

（三）薪酬结构有待明确

只有结合岗位的实际情况，对不同岗位的员工采取不同的薪酬结构，才能更好地满足员工的多样化需求。然而，就当前实际情况来看，部分企业的薪酬结构还不够明确。具体而言，企业针对不同岗位的员工采用不同的薪酬结构，对年终奖、绩效奖等只进行简要的阐述，并没有展开更为详细的说明。在这种情况下，员工对年终奖、绩效奖等的运行规律较为模糊，无法制定明确的工作绩效完成目标，最终导致激励效果的降低。

二、"薪酬福利"场景智能化

传统的薪酬福利管理模式也受到了数字化时代的深刻影响。人力资源管理人员每个月需要收集各部门的考勤、入离职基本信息、社保等数据，并对不同类型的数据进行反复的整合校对。仅仅是薪资计算一项，人力资源管理人员就要耗费大量的时间和精力。

随着数字化进程的推进，市场上出现了众多的智能薪酬平台，员工可以通过这些一站式自助服务平台进行打卡、请假、查考勤、报加班、查薪资，这些信息都可以同步到智能薪酬平台上，自动计算员工的病事假扣款、考勤工资以及加班费等。此外，会话式机器人还会引导员工进行福利登记，由机器人代填简单的业务表单等。

目前，机器人流程自动化技术正广泛应用于高标准、强规则、低异常、交易量较大的业务场景中，如薪资计算及核查、个人所得税申报、学历验真、发票验真等。在智能化和个性化的浪潮下，我们还看到了企业在福利采购方面的变化，由过去的统一采购发放模式到卡券兑换模式，再到智能福利员工平台模式。例如，京东于2018年4月上线的智能福利平台"京东京喜"，通过智能选品与员工进行自主选择兑换，充分满足员工的个性化需求。京东京喜针对企业特点和需求建设的内购商城应用模块——"酷兜"，通过整合品牌资源，连同品牌线下渠道以内购的方式为企业客户打造"0预算"员工专属福利特权平台。

中智的"给到"2.0平台推出了电商购物、餐饮美食、交通出行、休闲娱乐、教育培训、轻松生活六大板块，全面覆盖员工福利应用的各大场景。清晰的个人福利账户、便捷频繁的福利使用，让员工在成长的每个阶段都能享受到高度适配的、个性化的福利体验。平台集成了人事、产品、数据、预算、结算等七大中心，助力HR实现一站式操作管理。

在数据中心，HR可以自动生成数据报表，随时了解员工的消费数据，掌握福利传递情况，及时调整福利策略，满足员工的个性偏好。另外，员工或经理的自助平台还可以实时同步社保局、公积金中心、税务局等官方网站，第一时间获取官方更新的信息并同步到企业的知识库。

第六节 "学习与发展"智能场景

在员工学习与发展方面,传统的基于流程与职能的学习管理系统,如现场培训和在线授课,已经不再是唯一的培训方式,而是向基于员工社交化和知识管理的学习管理平台转变,或者转向混合学习模式。员工的学习模式也正在由以老师为中心的培训模式向员工自主学习模式转变,员工的学习已经呈现出移动化、碎片化、个性化和社交化的特点。

如今,很多公司都在积极倡导大型开放式网络课程和小型私人在线课程,极大地改变了过去企业固定场所培训的模式,员工可以通过笔记本电脑、手机,在PC端、移动端随时随地学习。例如,领英公司创建了小型私人在线课程,以自主学习为主,同时创造互动学习体验的新方式,如知识社群、同行评审、小组合作、问答互动等,这也与标准化的线上学习课程完全不同。在碎片化学习的时代,越来越多的企业正在积极引进这种课程,以顺应年轻一代的学习习惯,将过去"整时间"变成"碎时间",扩大了学习的时间范围和空间范围,激发了新生代员工学习的积极性。

鉴于学习课程的平台化,企业可以更加方便和直观地了解员工的学习情况,掌握企业员工整体的学习进程。利用大数据技术对员工学习档案、学习行为等数据进行分析,可以帮助企业了解员工的兴趣和偏好,为员工量身定制个性化学习方案。这样,企业可以更有针对性地帮助员工学习和成长。

企业学习与发展部门可以充分利用数字化平台的特点,打造学习型组织,通过赋能员工,提升人力资本的回报率和贡献率。员工培训还可以运用VR技术和AR技术,再现某些特定的工作场景,打造全真的虚拟空间,尤其是虚拟危险性行业的场景,极大地提高员工学习的参与度,增强员工学习的效果。

第七节 "离职和离职后管理"智能场景

一、新生代员工离职原因

(一)个人内在偏好因素

新生代员工相对老一代员工而言,具有独特的个人价值观和心理特性,是导致公司离职率高的原因之一。新生代员工的自尊心较强，而共情能力相对较弱。他们大多接受过比较好且全面的教育，生活在高科技和海量信息的大数据时代，有着这一代人独特的思想和看法，他们个性张扬，且部分人往往以自我为中心，因此他们中的一些人不能很好地理解企业的制度，也不能更好地服从企业的管理。

内在偏好价值观属于马斯洛需求层次理论中的最高级需求，即自我实现的需求，这使得新生代员工在选择工作时，要符合自身的爱好和兴趣；他们倾向在喜欢的企业中自己喜欢的岗位任职；要求工作本身对自己是有价值且重要的；要求工作内容要有趣味性，单调乏味的机械式工作无法满足新生代员工群体的工作偏好。

新生代员工强烈渴望自己有弹性的工作时间，要求在完成规定的工作任务或达到固定的工作时长时，可以自主灵活地选择自己对工作时间的安排，以代替固定和统一的上班时间制度。

新生代员工认为，生活节奏的加快和工作方式的快速变化，以及三点一线的工作和生活方式使他们产生了强烈的排斥感，他们希望用灵活的工作方式来激活他们的工作热情，帮助他们调整自己最适合和习惯的生物钟，以保证能够有充足的时间来"降压"和"解压"。在人力资源研究领域，"期望理论"在实践中的应用也阐述了个人的内在偏好因素是否被所在的企业重视，可以对新生代员工的离职倾向产生显著的影响。

公司无法满足新生代员工这一群体的兴趣和爱好，无法满足他们能够在自身喜欢的岗位上工作，使他们自身感受到工作对于他们而言是毫无价值的，且工作内容也相对缺乏趣味性，并且企业也没有建立起弹性的工作时间的制度。因此，公司新生代员工个人的内在偏好价值观没有得到满足是离职率偏高的主要原因之一。

（二）对工作环境不满意

工作环境包括办公环境、单位风气、领导作风、同事及各类人际关系等因素。直属领导的风格习惯、工作场所的硬性条件，与周围同事的良好关系等因素直接影响员工的心情和工作状态。研究表明，良好的工作环境可以使员工的工作效率提高，更能间接促进员工家庭的和谐稳定。

（三）缺乏平等和谐的人际关系

人际和谐价值观属于马斯洛需求层次理论中的社交需求，是需求层次理论中的高级需求，公司的新生代员工群体更加追求平等的工作氛围和轻松愉悦的工作环境等，他们渴望能够在工作中建立起与同事和领导之间尊重及平等的关系，渴望能有一个和谐的相处环境。企业中和谐与平等的人际关系能够成为一个团队乃至一个企业顺利且健康发展的重要因素。

公司平时更多关注生产业绩，狠抓质量求生存，忽略了如何去打造一个良性的内部企业的氛围。

（四）企业缺乏对员工职业发展的规划

新生代员工对未来的职业发展规划的需求，属于马斯洛需求层次理论中最高级的自我实现的需求。新生代员工只有拥有自己的职业路线，才会有更加优秀的未来。职业发展规划的激励，已经成为激励新生代员工重要的手段，科学的发展规划机制，能够使新生代员工的忠诚度和敬业度有大幅度的提高，并有效降低新生代员工的离职率。职业发展规划是扬长避短、因势利导的工具，因为在不同职业生涯阶段，个人所面对的职业上的问题也是不一样的，所以职业发展的规划是一个体现鲜明个性特征的计划，这也符合了新生代员工自身的特点，它可以让新生代员工更好地实现他们的自我价值；只有有了清晰的未来发展规划，才能够知道职业生涯中如何避坑，如何调整和优化未来的职业路线。因此，职业发展的规划并不仅仅是一个短期的工作计划，更是在新生代员工远景规划下的务实策略，也是少走职业生涯弯路的方法，这种策略非常适合 20～30 岁的新生代员工群体。

而公司的管理层缺乏对新生代员工能力的开发，以及个人的发展指导，没有给年轻员工设定晋升的路线等，在决定对新生代员工进行晋升时，也没有明确的标准且主观因素较为明显，既没有起到应有的激励作用，也对公司和个人未来的职业发展产生不利的影响。在对一些中层管理人员和技术人员进行沟通时，他们对职业发展的规划感到茫然，没有建立相对应的意识，并不知道自身的下一个目标是什么，也不知道通过什么样的途径或者渠道可以让自己达到一个更高的层次。无论是企业的管理者还是新生代员工个人，他们的工作动力来源于自身的需要和责任感，因此非常容易引发新生代员工的跳槽行为。

通过对若干个新生代员工进行直接沟通可以得知，他们中的大多数表示虽然对自己未来的职业路线考虑较少，企业也缺乏相关的培训或者宣传，但他们中的多数人都有接受更大的职业挑战的信心和愿望，他们也渴望能够对自己的职业未来有一个更清晰的定位和更好的规划，认为自己的能力在目前工作岗位中，并没有得到更好的发挥和应有的价值，且多数新生代员工感觉自己晋升的希望渺茫，对此感到信心不足。但他们普遍都希望自己能够在公司成长的同时，感受到个人发展的前景,看到个人发展的希望,但由于自身和企业缺乏对这一群体进行职业发展规划,就无法将新生代员工的个人发展目标同企业的战略目标整合一致。

所以,企业没有做好相应的新生代员工职业生涯的规划,也没有在企业文化中对此进行专业的倡导,又缺少对未来接班人的培养,就不能保证企业未来对于人才的把控。而对于公司的新生代员工本人来说,由于企业缺乏相关的引导和宣传,个人对自身长期发展规划认识意识的不足,或者不懂得如何规划自己职业发展的路径,所以公司新生代员工也普遍缺乏长期发展的知识以及技能,对自己的未来发展概念模糊,当意识到自身需要发展规划时,就有可能迁就现实或者脱离现实,使自己的未来规划出现很多问题,非但不能实现自身的价值,满足不了自己的工作价值观,也造成了公司人才的减少。综合各方面原因,造成了公司新生代员工离职率颇高的困境。

(五)薪酬福利制度的不完善

公司新生代员工对于薪酬福利的需求,属于马斯洛需求层次理论中的生理需求,这是该理论中最基本的需求。中小型的民营企业能否吸引新生代员工并留住人才,其中最重要的一点就是,企业是否有合理的薪酬福利制度,是否有得当的薪酬激励方式和较好的薪酬福利管理,能否积极地对新生代员工的工作热情和创新精神进行激发。

公司新生代员工的离职与薪酬福利相关,通过与公司人事部门和财务部门的深度沟通发现,公司的薪酬结构主要包括基本工资、加班工资和绩效的奖励。从薪酬激励的角度来看,薪酬形式落后且单一。显然目前公司的薪酬福利制度不健全,主要包括以下几个方面。

1. 薪酬水平缺乏竞争力

当前,企业的整体工资水平处仍处于中等偏下水平,而且随着国家各项改革的逐步推进,企业的福利优势逐步消失,员工对企业的感情逐步降温,尤其是90后员工,思想活跃、想法现实,对企业提供的工资待遇或者薪酬福利状况不满意即选择离职。

2. 管理层缺乏现代薪酬管理观念

公司有其本身的局限性,并且管理层的认知也跟不上时代的要求,就无法对现代薪酬管理的理念、技术和管理方法有全方位的把握。无论是中层管理者还是高层管理者，往往认为只要给员工足够的工资，且不低于竞争对手的薪酬，就能够留住优秀的员工，这种对薪酬管理的误读根深蒂固。与此同时，在薪酬制度政策的确立上，管理层也缺乏长期规划。在日常管理中，在确定工资标准时，也具有较强的随意性。

3. 家族式管理影响合理的薪酬管理

家族式管理的公司的关键位置及核心位置由同家族的亲朋好友担任，企业的管理和经营都是通过血缘关系的纽带来进行的。在管理模式上，家族色彩异常浓重。由于公司是私营企业，企业的最高决策层也大多数是经营者的亲人，在制定薪酬政策时，不可避免地出现了不科学的薪酬管理方案，这使得普通员工对公司及高层领导自然产生了不满，拥有突出个性的新生代员工，难以接受这种家族式的薪酬管理理念，他们的工作效率受到影响，对企业的进一步发展形成了制约，使得公司的新生代员工产生了离职的意图。

4. 薪酬管理缺乏科学性

公司薪酬管理也缺乏科学性，主要体现在这两个方面。

（1）企业内部的发展和薪酬体系不对称

企业内部的发展和薪酬体系不对称直接导致薪酬体系同企业发展的速度无法形成对接或者挂钩，尤其是近两年，物价上涨幅度比较大，公司为了保持经济发展的平衡状态，对员工的绩效调整幅度较小，虽然基本工资每年都在调整，但绩效水平基本没有可观的提升，这种情况无法满足新生代员工的自我价值观的需求，从而出现很多新生代员工消极怠工，甚至产生了离职的意图，使得企业发展也受到一定的影响。

（2）不注重内在薪酬福利作用

我国早期的计划经济体制，过多地强调精神的作用。而在物质上采取的"大锅饭"政策，使得新生代员工的积极性降低。在现如今的市场经济下，反而往往又会忽视精神层面的激励，同样会降低员工的积极性。公司正处在发展期，福利制度的完善还有较大的提升空间。

新生代员工的薪酬需求呈多元化发展的趋势，他们紧跟时代的潮流，意识到良好的薪酬福利，不单单是指工资待遇的问题。从公司的管理层角度来说，他们对薪酬的理解也比较单一，从而对福利的作用无法进行应有的重视。久而久之，对公司来说，毫无疑问将是文化的缺失；对于新生代员工来说，也是对他们的工作价值观的潜在伤害。

5. 薪酬制度缺乏公平性

对于中小型企业而言，员工的薪酬基本都是基于层级和岗位而定的，在工作内容和工作性质以及工作量都相等的情况下，薪酬福利的层级管理体制，导致了员工薪资较大的差异性，在一定程度上就出现了同工不同酬的不公平现象，从而使工作价值观比较有个性的新生代员工感到不满，在内心形成了不平衡的心态，这种不公平的薪酬制度，强烈地打击了新生代员工的工作积极性，进而导致新生代员工的流失。

另外，公司对绩效管理上也没有正确的认识，管理层只是把绩效看作一种考核方式，旨在通过绩效考核的形式对员工的工作态度起到一定的激励作用，而不是通过绩效上的管理来提升员工的职业素养。并且绩效考核的过程也存在一定的不公平现象，比如超出工作量部分的绩效奖励，远比未完成工作量时的处罚金额要少得多，就造成了这种罚多奖少的绩效现状。并且绩效考核的主要负责人是该部门的主管，可能会带有一定的主观随意性，这样的绩效管理起不到真正的激励作用。

二、"离职和离职后管理"场景智能化

离职往往是员工雇佣旅程周期中容易被人们忽略的部分。事实上，离职流程与员工体验也是密切相关的。自动化和数字化的平台实现了无纸化的离职流程，员工在线提交离职申请，经理在线审批。

员工再也不用拿着"离职流转单"到处签字了，而是通过电子签字轻松搞定，这种方式不仅绿色环保，还可以清晰记录每项离职项目的签署人、签署时间，极大地降低了企业在员工离职过程中的法律风险，确保了离职手续合法合规。

由于相关离职材料可以在系统中直接存储，不仅有利于日后查找，还节省了人力资源从业者的大量时间。离职流程里还嵌入了离职员工社区的概念，新老员工可以通过这一社交平台随时交流，不仅可以帮助公司与优秀的离职员工保持长期联系，建立良性的互动，还能够促进人才的回归。

第四章 智慧人员体验管理成功案例

近年来，国外智慧人员体验管理取得了不错的成就，我国要充分对国外成功的智慧人员体验管理经验加以借鉴，在此，以美国、丹麦、瑞典、澳大利亚四个国家的成功案例展开了论述。本章分为美国智慧人员体验管理案例、丹麦智慧人员体验管理案例、瑞典智慧人员体验管理案例、澳大利亚智慧人员体验管理案例四部分。

第一节 美国智慧人员体验管理案例

2020年12月29日，体验管理软件平台Qualtrics提交上市申请文件，估值高达144亿美元，有消息称德国商业软件巨头SAP公司向美国证券交易委员会提交上市申请文件，将旗下在线调查及云服务软件子公司作为一家独立公司上市。Qualtrics将在纳斯达克进行交易，股票代码为"XM"。初步定价区间为每股20美元至24美元，Qualtrics的估值将为120亿美元至144亿美元，高于SAP当初支付的80亿美元。据悉，SAP公司在两年前以80亿美元的价格收购了Qualtrics。

目前，其创始人瑞安·史密斯继续担任着公司董事长的职位。Qualtrics提交的文件显示，在2020年前三个季度，其收入为5.5亿美元，增长达30%。此外，前三个季度，Qualtrics达到2.441亿美元。Qualtrics出售的软件可以帮助企业评估客户的使用方式，从而改进产品。2020年7月，SAP公司宣布分拆Qualtrics的计划，同时保留了大部分所有权，这意味着如果股价上涨，该公司便可获得十分可观的利润。此次上市预计最早于1月进行，SAP公司此后将拥有80%的流通股。

值得一提的是，私募股权公司银湖资本将以5.5亿美元的价格购买4%以上的股票，创始人瑞安·史密斯以1.2亿美元的价格购买1%的股票。银湖资本的伊甘·

德班和凯利·斯泰克尔伯格都会加入该公司董事会。Qualtrics 归属 SAP 公司旗下的时间虽然不长，但仍然得以继续增长。该公司的收入在 2020 年前三个季度增长了 30% 以上，达到 5.5 亿美元，高于去年同期的 4.134 亿美元和 2018 年被收购前的 2.896 亿美元。Qualtrics 今年前 9 个月营业亏损 2.441 亿美元，但其中 2.18 亿美元源于股票补偿。不计该项目，营业亏损从去年同期的 3090 万美元收窄至 2490 万美元。

目前，Qualtrics 拥有约 3370 名全职员工，多于出售给 SAP 公司之前的 1866 名。"我认为我们身处最大的技术浪潮之中，这是当今最大的行业浪潮之一。犹他州正处于浪潮前列。"42 岁的创始人瑞安·史密斯说："由于大家蜂拥而至，这里现在已经一票难求。"

Qualtrics XM 平台是一项关键任务行动系统，可实现突破性设计，并不断改善客户体验、员工体验、产品体验和品牌体验。Qualtrics 允许在单个连接的平台上管理所有四种体验：Customer XM 通过聆听所有渠道的客户并根据其反馈采取行动，从而减少客户流失，提高参与度并扩大客户的终身价值。

Employee XM——通过不断倾听员工的声音并提供更好的工作场所体验来提高留任率，增加敬业度并提高生产力。

Product XM——设计人们喜欢的产品，通过发现用户需求，并对其采取行动，从而缩短了产品上市时间并增加了钱包份额。

Brand XM——通过确保您的品牌在每个关键接触点产生共鸣并吸引目标买家，来建立忠实的追随者基石，获取新客户并增加市场份额。不幸的是，市场上大多数"体验"产品只能做一件事——通过调查来收集交易后的反馈信息，以监控满意度得分的趋势。这些衡量工具的问题在于，它们仅报告有关何时何地道歉的数据，导致组织专注于对投诉做出反应，而不是设计更好的体验并主动缩小体验差距。

第二节 丹麦智慧人员体验管理案例

首席人力资源官（chief human resource officer, CHRO）通常被视为一个组织的"心脏"，他们关注所有员工的人力需求。他们还负责提供一些最常用的企业服务，如申请休假或管理薪酬。不仅如此，CHRO 还越来越多地扮演着更加积极主动的角色，其目标是提高员工的参与度，并进行"数字化人力资源"的转型。

所有这些活动和考虑因素都可以被视为总体数字化员工体验（digital employee experience，DEX）的一部分。

CHRO 不仅仅是 DEX 项目的参与者，还可以在战略层面发挥关键的领导作用。虽然有很多机会可以改善员工体验，但 CHRO 通常针对三个方面：入职、提供人力资源服务和提高员工敬业度。对于新员工来说，在公司中的前几天、几周甚至几个月都是一条陡峭的学习曲线。如果没有内部关系网，新入职者可能会感到孤立和不知所措。

云软件公司 Webonboarding 在 2017 年对 4000 名办公人员进行的调查发现，超过 1/3 的受访者入职体验不佳，1/7 的受访者因为这些问题在几天内离开。最令人担忧的是，有 22% 的人表示曾出现过如此严重的问题，以至于他们在正式入职前就改变了对这份工作的看法。

这表明，有必要为新入职者提供积极的数字员工体验，CHRO 也有机会对招聘和留用率产生可衡量的影响。领先的企业越来越多地在新员工正式入职前为其提供部分（或全部）内网访问权限，这也是为了满足新员工从入职第一天起就提高工作效率的共同愿望。这可以通过为新员工量身定制的内容来补充，包括介绍性视频、互动培训模块和预定的交流。一旦新员工开始工作，有效的数字员工体验将包括主动将员工连接到适当的协作空间，给他们提供一个互动的任务清单，并让他们清楚地了解组织结构和业务实践。

为了获得最大的改进，需要遵循改进入职 DEX 的整体方法论，该方法论围绕着有意义的员工研究，并由多学科团队提供解决方案。

2018 年，总部位于丹麦的工程公司 Ramboll Group 因其在 office 365 上托管的全新全球数字工作场所而获得了奖项。尽管时间紧迫，但项目团队还是采取了最佳实践方法，推出了"Rambla"，一个新的企业内部网。从一开始，Ramboll 的首席执行官詹斯－彼得·索尔就设定了一个明确的目标："通过我们的共赢战略，希望利用数字化优势来发展我们的服务，并以新的、更好的方式支持我们的客户。数字化工作空间将有助于实现这一目标，因为它能让所有员工都获得相同的最新 Ramboll 洞察力。它还将有助于打破组织孤岛，加强各国、各办事处和各市场之间的合作。"

考虑到这一目标，该项目采取了分阶段的方法来提供新功能。要交付的第一个元素是"Being Ramboll"，这是 Ramboll 基于内网的文化和战略网站，新员工在加入 Ramboll 的第一天，会被邀请在这里了解更多关于公司的信息。老员工也可以通过该网站查询公司战略、价值观和文化的细节。这为我们提供了一个"偷看"未来数字环境的机会,也是测试系统、模板和设计的一种方式。随后是进一步的解决方案,包括一个项目门户和销售漏斗。简化人力资源的互动,人力资源往往是为员工提供服务的一个最大的部门,涵盖从最初的入职和培训到职业发展,再到最后离职的全过程。在许多情况下,这些人力资源服务是通过一系列不同的系统来提供的,每个系统都是在不同的时间获得的,并且与其他系统的工作方式不协调,这可能包括独立的工资、人事和电子学习产品。这些遗留系统大多在移动设备上的体验不佳,可能涉及多次登录而不是"单点登录"。这为 CHRO 提供了一个机会,因而要采取一定的战略方法,不仅要使人力资源系统现代化,而且要率先为员工提供更好的数字体验。这可能包括在内网和人力资源系统之间创造无缝体验,简化常见人力资源任务,扩大电子学习的使用范围,以涵盖更多员工(特别是一线员工)所需的知识。通过单点登录和简化访问创造一种"随时随地"访问的移动体验。

需要注意的是,一些早期的行动者为员工推出了只针对人力资源的移动应用程序,这些应用程序要么是定制开发的,要么是由越来越多的专业供应商提供的。然而,这些经验表明,功能狭窄的独立应用程序不足以吸引人们有意义地使用。

第三节 瑞典智慧人员体验管理案例

总部位于瑞典哥德堡的员工体验创业公司 Winningtemp 在 B 轮融资中筹集了 1510 万欧元。本轮融资由伦敦的 Frog Capital 和斯德哥尔摩的 Bonnier Ventures 共同领投。在融资的同时,青蛙资本运营合伙人希林·德哈加入并担任主席,并加入 Winningtemp 的董事会。公司打算利用这笔资金加速国际扩张,特别是向美国扩张。Winningtemp 由 Pierre Lindmark 和 Mathias Hansson-Fredlund 于 2014 年在瑞典哥德堡创立,为企业提供一个基于人工智能和科学的员工参与平台,以确保企业在远程工作时保持士气。该平台基于 600 多项国际科学研究,帮助高级团队成员实时可视员工的行为和发展,在提供预测和建议的同时提供实时洞察,帮助提高员工的参与度和绩效。Winningtemp 已被全球 600 家公司使用,在 20 多个国家拥有超过 10 万名活跃用户。在英国,客户包括 Global Marine Group、Acorns Children's Hospice、Xoserve、Seashell Trust。公司目前有 60 名员工,分别在哥德堡、斯德哥尔摩、奥斯陆和伦敦设立了办事处。Winningtemp 关注员工在公司的整个生命周期,不断地从员工那里收集实时数据,该平台既可以清晰地概述个人的发展情况,也可以提供组织当前的状况。在人工智能和收集的数据的帮助下,该平台还显示了组织的长期发展情况,同时标示着可能出现的严重问题。通过对收集到的数据进行连续分析,系统可以识别出正偏差和负偏差,从而生成自动化的行动建议,以推动业务的发展。

总而言之,它可以帮助客户减少负面压力、旷工和人员流动,同时提高满意度。Winningtemp 当前提供与组织的整体员工敬业度相关的多项功能,如目标管理、技能开发。Winningtemp 为管理和优化人力资源提供了市场上最先进的解决方案,基于人工智能平台和 600 多项科学研究,可帮助管理人员和领导者实时可视员工的发展并根据洞察力采取行动,以增强员工敬业度和提高绩效。换句话说,这是创建更好的、更有效的组织的完美起点。该平台通过帮助组织的领导者积极开发和优化公司的人力资源,从而提供可衡量的改进方案。此外,Winningtemp 还将客户群中极低的负面客户流失率视为其所创造价值的进一步验证。大约 99% 的公司选择继续签订合同并见证实际结果。

第四节　澳大利亚智慧人员体验管理案例

近年来,员工敬业度与绩效之间的密切关系备受研究者的关注,但是组织经常无法同时评估这两个重要因素。结果,公司错过了确定关键见解的机会,这些见解可以帮助推动个人、团队和组织更好地决策。尽管许多领导者希望更好地理解这些关系,但他们通常没有合适的资源或工具来有效地将参与度和绩效之间的各个点联系起来。这项挑战是普华永道澳大利亚专业服务公司的当务之急,当时他们通过内部调查发现,与其他员工相比,他们的高级顾问(senior consultant,SC)倾向于降低敬业度和人员流失率。

鉴于高级顾问占该组织员工总数的 1/4,并且是普华永道(澳大利亚)成功的关键因素,他们的保留和参与成果不仅对公司造成数百万的财务损失,而且对公司的文化产生较大的影响。

普华永道(澳大利亚)人力资本(human capital,HC)团队着手寻找这些问题的根源。普华永道(澳大利亚)负责人、合作伙伴和文化事务的协调负责人卡米拉·布里顿表示,我们想更好地了解这些问题在高级顾问的整个旅程中是如何演变的,尤其是在表现最出色的标准委员会上。团队知道,需要一个强大的工具来深入了解并深入研究问题,因此普华永道选择与 Culture Amp 合作,以了解他们如何更好地参与并保留其绩效卓越的 SC。卡米拉说："高级顾问在我们的员工队伍中至关重要，并且是我们未来的领导者。"这就是我们要求 Culture Amp 更深入地研究我们的数据，并加入绩效与敬业度之间的点，帮助我们了解高级顾问为何离开我们的背后动因，以及我们如何帮助他们留下并蓬勃发展。"测试假设普华永道（澳大利亚）最初将问题交由他们自己解决。慧聪团队进行了内部研究，以探讨高级顾问团队为何不像其他员工那样积极参与，并且更难保留。尽管这些发现很有帮助，但他们意识到他们还需要外部专业知识和基准来对结果进行比较，这就是 Culture Amp 平台派上用场的地方。"文化放大器的前瞻引擎确实帮助我们将绩效与参与度之间的点点滴滴联系起来。它使我们的数据更具特异性，并挑战了我们内部研究的一些基本假设。"Camilla 说。此外，它浮出了一些非常有趣的见解，因此我们可以更深入地了解前进过程中所需要做的事情。

以下是 Camilla 及其团队与 Culture Amp 合作的四个主要发现。

一是参与度因绩效水平而异。通过比较他们的参与度和绩效数据，证实了参与度和绩效之间的紧密关系。具体而言，2019 年绩效较高和较低的高级顾问之间的敬业度得分也存在 15% 的点差。尽管高级顾问之间的总体敬业度略有下降，但与 2018 年相比，这一差距略有增加。

二是任期对人员流失有影响。损耗的核心原因是随着 SC 经历不同的任期阶段而发生变化。例如，与普华永道澳大利亚分公司其他员工相比，曾任职较早、表现最佳的高级顾问对多样性与包容性的工作和同事的贡献持负面态度，一年之内离职的可能性是后者的 1.7 倍。但是，随着那些表现最好的人超越六年的标准，对报酬和表彰的担忧是损耗率的最高指标，为 1.8 倍。

三是关于同工同酬有不正确的看法。尽管积极的多样性与包容性计划（例如，全面的薪酬分析和持续的沟通表明澳大利亚普华永道没有性别薪资差距），但 Camilla 和她的团队惊讶地发现围绕同工同酬仍然存在负面看法。具体而言，高绩效女性高级顾问中有一半对"同等报酬和激励措施"感到不利，而高绩效男性高级顾问中只有 39% 感到不利。

四是对绩效有积极的看法。表现最好的人通常对绩效过程、绩效对话以及对推动结果的理解非常满意。另外，绩效较低的高级顾问的看法要差得多。从组织公正的角度（这是员工判断组织行为的方式）来说，这意味着（澳大利亚）普华永道在整个绩效流程中与我们的员工进行对话的方式相当好，尽管表现最佳的员工通常也并不满意补偿结果。

第五章 提升智慧人员体验感的路径

本章分为智慧人员体验管理的新趋势和智慧人员体验感的提升策略两部分。其主要包括 HR 的数字化转型、未来的办公模式、变革员工培训、关注员工健康、对员工进行细分、改善员工的入职体验、提高员工的工作效率、塑造最佳的工作场所、制定有效的人才留用策略、创造更好的员工体验方式、促进人力资源部门的发展等内容。

第一节 智慧人员体验管理的新趋势

一、人力资源的数字化转型

人力资源数字化的采用和转型是大多数公司发展的关键战略目标。根据这一趋势，人力资源部门正在经受来自数字化的冲击。什么是数字化人力资源转型？数字化人力资源转型是指结合数字化技术来改善人力资源部门（进而改善整个公司的运作方式）的过程。这种数字化技术包括基于云的人力资源信息系统、数字化招聘解决方案、内部沟通平台、劳动力参与软件、人力资本分析工具等。在整合这些数字化技术时，人力资源专业人员需要考虑新的应用程序、工具将如何改变劳动力，以及如何执行和完成工作的问题。因此，关键是要正确看待数字化人力资源支持，并做出既能在短期内影响人力资源质量，又能反映出对未来人力资源做出的综合的、整体的、具有长期愿景的决策。

因此，数字化人力资源战略不应被视为一成不变的僵化计划，而应被视为一系列关于关键数字驱动因素的原则。通过这种方式，描述了企业通过数字化人力资源战略所要实现的目标。这些为数字化人力资源战略提供素材的数字驱动因素可以直接来自企业的整体数字化战略，但也可能与人力资源相关。为了推进数字化人力资源战略的议程，有必要根据这些驱动因素制定举措，而且这些驱动因素可能会根据业务需求定期发生变化。

二、未来的办公模式

在办公场所，将人工智能和自动化融入日常工作流程中以提高效率、节省时间和成本的做法越来越普遍。试想一下，如果我们完全消除了团队成员花费时间重新设置密码、更新发货和排除基本故障的需要，那么客户支持团队每天有多少小时可以转向积极的业务增长？重新把时间花在推动更加个性化的体验上，这一预期令许多公司高管眼花缭乱。但领导者对自动化的看法与员工对自动化的看法之间可能存在脱节。Blumberg Capital 2019 年的一项调查显示，90% 的高管认为，自动化将让员工有更多时间致力于更复杂的、更有回报的工作中，而只有 19% 的员工认为自动化实际上会减轻他们的工作负担。

此外，近一半的员工认为，自动化导致他们失业。数字化转型可以包括结合自动化和机器学习的各个方面以及自助服务渠道，如聊天机器人，为公司提供了大量的机会，以重塑他们的工作方式，着眼于使运营和客户服务交付更节省时间和成本方面。这些时间可以转移到为客户提供更加个性化和感同身受的体验上。

然而，这种关注可能会被员工消极看待。当一项与人工智能相关的新举措亮相时，工人可能会出现紧张的情绪。这种紧张情绪如果没有得到妥善解决，会导致员工出现不安心理。这就是公司必须了解这些员工的担忧，并积极主动地制定相应策略的原因。

（一）制定变革路线图

公司不能也不应该承诺人工智能和其他技术不会自动完成某些任务。他们可以做的是，确保受影响的员工有一个发展计划，以支持有效地过渡到公司内部的其他角色和机会，特别是他们运用新技术工作的机会上。

具有人情味的客户体验迅速成为一种流行的要求，最终可以帮助品牌实现差异化。人工智能与自动化是为一线团队成员提供这些难忘的个性化客户体验所需信息的关键，但企业如何才能实现这一转变，将客服人员转化为技术奇才。员工旅程图谱可以帮助那些目前受雇于公司的员工找到新的立足点，同时帮助企业更好地了解未来人才的分配情况。

（二）专注于自动化的发展

公司应该专注于传达员工在自动化方面期待的变化，这在每个公司可能看起来都不一样。在 TELUS 国际公司，成功的做法是，在指定的公司内给员工提供定期的、带薪的学习机会，让他们获得新的技能和知识。一个强大的学习计划，以及在工作中使用这些新技能的能力,是我们留住最优秀的团队成员不可或缺的能力。我们还要不断更新设备和软件,以保持我们在该领域的最新趋势,同时也让团队成员对他们所做的工作充满兴趣。这包括使用数据分析工具和心理测试来创造学习和培训机会,以确保团队成员从他们的课程中获得最大的收益。自动化为我们提供了一个巨大的机会,并给团队成员提供了更复杂、更有吸引力的工作,以及专注于提供高质量互动的机会。让团队成为问题的解决者,并使用为他们提供的技术,而不是被技术利用,这与他们的工作满意度是密不可分的。

2019年,盖洛普看到了自2000年开始跟踪该指标以来美国员工参与度的最高水平,主要是因为这些因素,自动化确实会让一些公司面临一定的风险,但它也为员工创造了长期的职业发展机会,让员工在工作中保持较高的兴趣,并为客户提供备受追捧的定制化品牌体验。

第二节 智慧人员体验感的提升策略

一、变革员工培训

亚马逊宣布决定对约10万名因自动化而面临失业风险的员工(约占其员工总数的1/3)进行再培训。该举措是一个最新例证,表明公司越来越多地投资于员工教育方面,以吸引、发展和留住人才,并最终为其客户提供更好的体验。人工智能之类的新技术使人们在传统上已处理的某些功能实现自动化,使对员工(尤其是小时工)进行技能培训变得越来越重要。这种培训现在可以成为一个公司的与众不同之处,为员工提供侧重个人成长和职业发展道路的体验。

"人才之战"是真实的,在评估潜在的工作机会时,候选人对学习的重视已经成为优先事项。历来员工流失率较高的公司确保新员工准备交付高质量的在职绩效,显得至关重要。正如他们所说的"客户为王",具备训练有素的一线员工是掌握整个公司品牌声誉的关键所在。亚马逊表示将斥资7亿美元培训工人过渡到新职位上。在接受培训期间,星巴克和丝芙兰关闭了它们在全国的所有门店,导致数百万美元的利润损失。

培训方面的投资很重要,但是企业如何才能在合理的时间内以合理的成本完成这项庞大的任务,尤其是考虑到必须聘用的大量员工时?这都是关于重新思考员工发展方法的全部。员工希望让他们参与度更高,准备更好地工作,而雇主希望员工具备随时准备工作的能力。

员工应该进入沉浸式学习模式。沉浸式学习是一种体验式培训方法，它使用虚拟现实（virtual reality，VR）技术在安全、受控和引人入胜的环境中模拟现实世界的场景。用 VR 技术训练大脑，传统的学习与发展方法依赖手册、教科书、视频和讲座，并且已经发展成电子学习，但是，其中许多方法仍不足以对员工绩效产生真正的影响。VR 技术通过加强大脑的连接将学习转化为现实生活、在职事件和决策，让员工在整个职业生涯中展现自己，从而驱使行为改变。

最近的一项研究证明，与传统方法相比，参与者通过虚拟学习环境获得新信息时的保留率翻了一番，从而验证了这一点。通过特定的空间设计，大脑感知到 VR 环境与现实场景难以区分。当用户仍然有意识地认识到自己处于模拟环境中时，大脑的反应就像是一种真实的体验，从用户的平衡到认知、视觉处理、空间感知等。这给用户以一种"边做边学"的感觉，而实际上却没有"边做边学"。在真实世界执行任务非常困难的情况下，这一点尤其重要，因为任务的性质是不可能模拟的，模拟起来很危险，或者模拟起来非常昂贵。VR 技术还提供按需访问功能，允许重复学习以开发达到熟练水平所需的肌肉记忆能力。这为工作场所培训提供了许多机会，以前的课堂或研讨会培训模型根本无法与之相比。

美国捷蓝航空公司就是一个例子。该航空公司利用 VR 技术对地面技术人员进行详细的操作培训，以正确检查 A320 系列飞机，通过重复训练来积累专业知识，从而轻松地、快速地识别飞机上的问题。在商业航空领域，培训技术人员使用真正的设备意味着要让飞机停飞或以高昂的成本租用飞机。VR 通过模拟真实世界的场景，随需应变来解决这些挑战。

在虚拟现实中培养"软技能"，正如我们在亚马逊、丝芙兰和星巴克这样的公司中看到的那样，软技能非常重要，特别是对于那些面对客户的员工，他们每天都要向公众展示自己的品牌。沟通、协作等技能很难在课堂上教授，但这些技能是必不可少的。VR 特别适合进行软技能训练，并允许用户探索，进行锻炼并根据情绪做出真实的反应。VR 可以快速制定和改善决策，处理冲突以及建立情感共鸣。例如，威瑞森公司将 VR 技术作为一种实践和评估工具，以增强面对客户的员工的同理心。在接受 VR 技术培训之前，59% 的员工认为自己在处理客户不满时非常自信。经过 VR 技术培训后，这个数字上升到 96%。

VR 技术大规模提升技能，沉浸式学习提供的培训不会强迫雇主在可扩展学习和有效学习之间进行选择。它还提供了一组独特的数据和见解，公司可以用此来评估员工的绩效和能力。借助 VR 技术，公司可以在开始新角色之前将员工安置在新环境中，从而提供更有效的培训和定量指标进行评估。我们已经看到沃尔玛使用这种方法来评估员工的新职位或晋升潜力，分析在 VR 技术中收集到的数据，以确定某些特征与潜在的在职绩效之间的关系。此外，沉浸式学习的使用可以限制许多传统招聘决策中固有的偏见，当员工被安排为可能并不理想地适合其技能的角色时，既有助于增加多样性，又可以降低潜在的离职率。沉浸式学习可以通过提供更高的参与率、在工作中对真实世界场景的即时熟悉，以及在员工的整个职业生涯中不断重复的学习来加速技能提升项目，这些方面包括运营效率、同理心和软技能、客户服务，甚至是危险的情况。在调查中，员工对沉浸式学习的体验大加赞赏，与传统培训模块相比更加投入。

在《财富》1000强企业中，数百万员工已经通过沉浸式学习推动业绩的提升，提高学习成果，提升员工体验。VR 技术改变了员工的历程，从招聘到入职，将学习提升到一个新的水平，并为员工未来的角色做好准备。

二、关注员工健康

员工健康是一个热门话题，它包括员工的身心状况，同时涵盖疾病和精神状态。当我们谈论健康时，身体健康首先进入我们的脑海中，但心理健康同样重要。身体不好会导致精神不好，反之亦然。

糟糕的员工健康状况会给企业带来多少损失？很难确定，但综合福利研究所估计，健康状况不佳的员工使美国企业蒙受了 5300 亿美元的损失。欧洲风险机构估计，由于压力，瑞士的国内生产总值损失了 1.2%，而德国则损失了 990 万欧元。

换句话说，不管怎么看，不健康的员工会让企业付出代价。无论是由不合理的工作量带来的压力，还是"代表主义"的成本，这都是一大笔钱。可以理解的是，企业希望减少与员工健康相关的成本。美国特别关注员工健康，在美国，雇主为雇员提供健康保险，这是最常见的雇员福利类型之一。生病的员工不仅会影响生产力，而且会直接影响健康保险的成本。健康保险的费用每年都在增长，快于工资。在其他国家，企业和员工对医疗费用不负直接责任，但它通过税收和额外费用影响每个人。

当然，生产力的下降也会影响企业和员工。因为快乐且健康的员工可以减少企业的成本，并提高生产率。因此，对员工健康进行投资也符合企业的最大利益。在较大的公司中，与员工健康相关的人员之一将是薪酬和福利经理，而在较小的公司中，这可能只是人力资源专员的另一职责。

员工健康计划受欢迎是有原因的。人们喜欢让员工多运动或考虑饮食习惯，并认为这将使员工更加健康。问题是，这样做通常不起作用。发表在《美国医学会杂志》上的一项研究追踪了仓库工人。那些使用健康计划的人锻炼的频率更高，但"在其他自我报告的健康和行为、健康的临床指标、医疗支出或利用率，或18个月后的旷工、任期或工作表现方面没有显著差异"。因此，虽然听起来不错，但并不总是能为企业带来预期的收益。从长远来看，定期锻炼会使员工受益，但不会在研究的18个月内受益。健康计划可能很有趣，但不一定是改善员工健康的最佳选择。

（一）鼓励员工休假

鼓励休假（最好是带薪休假）仍然是员工最看重的福利。在这里，欧洲比没有强制休假时间的美国更具优势。远离工作而休假可以减轻压力，降低倦怠的风险，并提高生产率，确保员工享受他们应得的假期。在美国，这可能意味着将他们赶出大门。如果企业允许员工积累假期，并在他们辞职时将其付清，那么就不鼓励休假，而鼓励过度劳累和倦怠。

（二）确保鼓励员工进行定期检查

在欧洲，抑郁症患者每年花费6170亿欧元，那是一笔巨款。压力是导致抑郁和倦怠的重要因素。企业是否有足够的人员配备水平？人们每周工作60小时吗？公司经理是否接受过相应的培训，以便为员工提供支持？如果公司经理创造了一个不舒适的环境，员工的压力将会大大增加。若欺负或欺凌员工的经理创造了一个不好的环境，该环境不仅会损害企业的员工，还会极大地降低生产率。为员工提供帮助计划，工作只是员工承受压力的方面之一，婚姻破裂、经济拮据、车祸导致受伤和压力，意外的诉讼会让员工崩溃。员工帮助计划可以帮助员工找到治疗师、财务规划师或律师。所有这些都可以有效减轻工作的压力，如员工财务健康计划。适当的培训、适当的调查和应对欺凌可以让工作场所成为一个更好的地方，而更好的工作环境能让员工变得更加健康。

三、对员工进行细分

对员工进行细分是非常重要的，尤其是在经济困难时期，因为它能让公司尽可能地提高效率和效益，将资源和举措提供给那些最有可能做出反应或能够受益的人。

需要指出的是，对行为进行分类可以说是大多数预测分析和机器学习所使用的方法，其主要是根据特征对行为进行分类。

为什么细分市场是人力资源管理的重要组成部分？在一些公司里，对待员工的方式是一刀切的。无论员工的需求或愿望如何，他们都会得到同样的福利、职业发展和工作条件。例如，无论员工是否有孩子，福利待遇都可能包括托儿安排。另外，一些公司往往为解决问题而做出改变，如职业发展的改变或对主管的管理辅导，而这是适用于每一个人的，无论其是否需要。调查行动规划就属于这一类，通常会对可能表现过剩的群体实行层层优先。

显然，如果不对员工进行细分，很少能满足多数人的理想要求。一些人力资源团队提供了一定程度的差异化，尽管这通常按相对粗糙的衡量标准来进行，如等级。这种方法有效地增加了更高级别员工的福利待遇，从奖励的角度来看是有意义的，但它仍然是粗糙的。员工可能更喜欢不同的、有针对性的福利待遇。

我们都会喜欢更符合自己需求的定制化待遇。满足这一要求的一种方法是，付出一定的成本为每个员工提供完全个性化的产品。需要注意的是，这样做的成本会很高。另一种方法是，提供一个选择菜单，给员工一个"预算"让其来自主分配。这种方法比较好，但只适用于容易分配成本的项目。通过细分，我们识别出有相似需求的员工群体，进而就可以设计和提供个性化、规模化的服务，并以有效的方式提供。

（一）利用数据对员工进行细分

1. 对数据进行分类

任何细分工作的第一部分是将成千上万的数据信息与分类模型进行映射，有效地将它们按主题归为一类。

第一种方法（最好的方法）是建立一个归纳模型。在这个模型中，分类的主题是根据数据中提到的主题确定的。这可以确保公司的分类模型尽可能地接近公司数据的实际情况。

第二种方法是从建立在大量数据上的一般分类模型开始，添加所有在数据中出现但在模型中没有出现的类别。应用这种方法可以有效地对任何未被演绎充分编码的数据进行归纳，从而得到接近于完全归纳方法准确性的结果。

第三种方法是完全归纳法。当模型本身是基于一个大型跨国公司数据集利用归纳法自下而上建立的时候，效果最好。这些模型通常可以通过拥有大量（100多个）类别来识别不同需求。

2. 将细分市场与员工特征进行映射

当根据需求建立细分市场后，确定哪种类型的人最有可能适合哪些细分市场是很有用的。我们可以使用各种机器学习方法来完成这个任务。这些方法通常有类似的模式。首先，根据每个受访者的评论，对基于需求的细分市场进行分类。然后，根据所掌握的有关个人的其他数据建立一个预测模型。这个预测模型可以包括其他调查问题、人口统计信息、组织类型数据、绩效数据等。

3.对其他数据进行分割

在典型的调查中，员工通常会以非常相似的方式对问题进行分组。员工调查数据时，利用李克特量表进行分析，而这并不是非常丰富，每个问题只有五个可能的答案。解决这一问题的方法是，使用分割技术将问题聚在一起。然后，我们可以建立这些聚类的索引，并根据分数的分布来分析员工的回答，例如，识别出每组中处于最高或最低分数的员工。同样，我们在链接问题上使用社区检测来识别这些聚类。通常情况下，这些聚类将显示出与调查中的主要类别相似的组。然而，以这种方式创建调查问题群组，更容易找到有意义的员工群体，从而更好地进行细分。

（二）构建角色

构建角色可以使研究结果更加人性化，使员工更容易产生共鸣。创建角色所需的大部分经验数据都可以通过一定的方法获得。应用聚类分析可以筛选出有相似需求的群体，利用其特征与不同群体做好映射，这有助于更好地进行细分。

因此，创建角色应该以数据为主导，而且这种整理工作在很大程度上可以自动化。然而，这些数据无论看起来多么"完整"，都应该只作为创建细分市场的一部分。一个团队从数据中细分市场的过程，对于确保角色在公司内被接受和使用是非常重要的。

（三）以角色细分市场，提高满意度

并非每一个细分市场都有同样的价值。同样，也不是每一个人的需求都那么容易满足。将不同群体的需求归纳在一起，可以确保公司在满足这些需求时更加一体化，通常可以将它们有效地组合在一起。将需求与特征进行映射，根据角色的不同来采取措施，更易于降低成本，并提高有效性。

在许多情况下，创建对某些群体有吸引力而对其他群体没有吸引力的产品是很重要的。据此可以创建员工"套餐"，这些套餐对一个或几个细分市场是可取的，那些有不同需求的人可以自我选择。只要有一个更有吸引力的选择，就有可能提高员工的整体满意度，同时减少浪费。

（四）转向角色驱动的人员细分

自 2010 年开始，将角色细分应用到员工身上是以高效的方式提升员工体验的关键方法。这可以成为提高人力资源活动效率的最简单的方法。利用高级文本分析方法可以找到具有相似需求的员工群体，这极大地提高了基于细分方法的便利性。大公司利用可能已经掌握的数据，可以在几天内构建细分市场。

最后要提醒的是，任何类型的细分市场都不是一成不变的。随着人们生活的变化，他们会在不同的细分市场之间移动。即使是细分需求也会随着时间的推移，随着替代品和环境的变化而变化。

四、改善员工的入职体验

部分新员工很可能在加入新职位后的 90 天内辞职。这使入职体验成为他们如何看待公司，从事工作以及保持（或不参与）公司的业务的关键差异。65% 的员工表示，入职计划有助于为职业发展做好准备；拥有清晰的入职流程的公司，新员工保留率可提高 82%，生产率可提高 70%。作为入职体验的一部分，平均每个新员工必须经历 54 种不同的活动，这表明他们的工作是非常复杂的。

如今我们需要重新考虑入职体验。早期阶段的体验对高级人才是否决定留在公司中至关重要，因而智能的入职体验策略至关重要。

世界领先的公司现在正全力以赴提供最好的入职体验。有趣的是，这超出了录用和加入阶段——从应聘者认真考虑公司是一个潜在雇主的那一刻起，就应该专注于制定一个能转化为出色入职经验的应聘者关系管理策略。

（一）将学习与发展作为入职体验的核心

入职就是为了使新员工从一开始就将自己的最佳技能带到工作场所。如果他们花费数周甚至数月的时间来熟悉公司，探索自主服务，并弄清楚如何完成例行任务，那么他们的生产力将极大地降低。这就是丰富的入职体验至关重要的原因。例如，总部位于美国的荷美尔食品公司就做了这方面的尝试，重新设计了 2019 年的入职体验。它部署了一个名为 Discovery Map 的游戏化平台，以使新员工快速了解该公司的信息。这为他们赢得了 2019 年新员工入职成就类的史蒂夫奖，而这就是最佳入职体验。

（二）寻找激发合作的创新方法

协作是参与的基石，从一开始就激发新员工与老员工进行协作，可以极大地改善入职体验。例如，根据公司规模每月或每两个月安排一个"入职日"，可以督促新入职人员进行交谈、分享见解并解决他们对未来工作的担忧。对于单次招聘入职体验，可以邀请公司各利益相关者，包括团队领导、垂直主管，甚至C级主管参与。测验和问卷调查是将协作融入入职体验的好方法。

（三）招聘经理掌握入职流程

由于入职体验涉及公司中的多个利益相关者，因此总存在招聘经理可能忽略的一些关键细节，入职培训是招聘经理日常行程的一个组成部分。解决此问题的绝佳方法是，创建入职清单，明确列出改善入职体验所需的所有步骤。公司负责人可以与内部营销团队合作，安排电子邮件更新的时间，以通知和激发招聘经理取得所有权。例如，Google 公司向经理发送了"及时"的入职清单，以帮助他们获得入职体验。该公司仅在应聘者抵达前 24 小时分享此清单，以确保他们具有紧迫感。这份清单上的一些任务包括与新员工进行讨论，给他们指派一个共同好友，建立一个社交网络，建立定期的签到模式以及进行透明的对话，以确定他们在那里工作的感受。仅需准备一天，经理就更容易记住并专注于每个组成部分。Google 公司入职体验策略的微小变化使入职效果提高了 25%。

（四）整合员工入职过程中的所有接触点

员工必须在完成许多活动和协议之后才能完成入职流程。有时这可能是零散的经历，降低了应聘者记忆和对在入职期间获得的信息采取行动的能力。例如，新员工可以拍一张自拍照或分享一张数码照片，这些照片可以在各个部门重复使用，而不是提供多份纸质照片作为文档，然后获得员工的身份标识号。这不仅极大地缩短了员工的入职时间，而且还提高了员工体验的整体质量。

戴尔公司调查发现，有 74% 的员工在第一天没有收到笔记本电脑，并且平均需要 92 天才能访问关键的应用程序和信息。因此，该公司开发了一个快速入职解决方案系统，可以通过远程访问和自动化来解决入职体验中的零散问题。戴尔为每位新员工节省了 3.4 小时，并节省了 500～600 美元的年度成本。

（五）在新员工进入办公室之前开始入职体验

毫无疑问，每个招聘人员都遇到过这种情况：经过严格的筛选和谈判之后，邀请被推出并被接受。但是，新员工在加入公司的前几天突然改变了主意。这导致公司的时间成本增加，并且使人才获取渠道的整体效率降低。为了有效解决这个问题，至关重要的是，将入职体验扩展到办公场所之外，在接到录取通知后立即与新员工进行沟通。这就是为什么预注册现在是全球雇主最重要的入职体验策略。当软件开发外包公司看到越来越多的应聘者在接受工资待遇后辞职时，他们开始考虑如何改善新员工的入职体验。采取的措施是，设计一个包裹，将其邮寄到员工的家庭住址，其中包括公司视频，以及他们可能在公司中受益的详细说明。这样的入职体验确保新员工在完成所有手续之前都会与公司保持一定的联系。

（六）分析不同应聘人员的需求

分析不同应聘人员的需求是改善员工入职体验的关键步骤之一。并非每个新员工都会有相似的期望，并且入职体验不能遵循"一刀切"的模式。在理想情况下，体验应围绕信息的交换和传播进行。雇主应进行入职前调查，以便早发现这些要求，确保入职经历与应聘者的个人期望相符。毕马威比利时公司展示了一个很好的实例，说明了这种入职体验战略的实际作用。该公司每年雇用170名毕业生，此外还有150名经验丰富的雇员。毕马威利用预注册实践、内容交付系统和流程自动化的组合改善员工的入职体验。鉴于更换新毕业生的成本可能高达其年薪的80%，因此必须设法为这些年轻且雄心勃勃的专业人员提供最佳的入职体验。

（七）探索临时工和季节工的入职模式

对于媒体和娱乐、零售和医疗保健等行业，临时工占其入职投资比例的很大一部分。在这一领域，更有效和优化的体验有助于节省成本。仅仅让临时工和季节工签署一份工作邀请并加入这项工作是不够的，这些人将是雇主品牌的倡导者，他们可以有效地促使雇主雇佣更多的工人。基于纸张的非体验式入职旅程降低了临时工选择第二次为该公司工作的可能性。

（八）协调多个地点的入职体验

提供始终如一的入职体验一直是全球大型公司面临的挑战。一旦招聘过程和职位推出结束，各区域办事处将遵循自己的做法，直到招聘人员加入公司。根据当地人力资源经理的兴趣和专业水平，这可能会导致不好的体验。为了在各个地点获得相同的成功水平，必须制定清晰的入职体验路线图，并进行战略制衡。全球饮料公司百加得提供了一个很好的例子，说明了这种入职战略在工作中的作用。此前，百加得公司在每个网站都有不同的体验，在人手不足的地方可能会出现效率低的入职旅程。为了有效改善员工的入职体验，该公司使用脉冲调查在 90 天的欢迎期内共享和收集数据。伙伴系统和强制性培训是百加得全球入职流程的其他组成部分，无论员工身处公司的哪一职位，该流程均可以提供无缝的入职体验。

（九）将员工入职培训与持续学习相结合

从入职流程到在职实践的过渡必须是无缝的。在入职时衡量员工的技能，并通过入职培训和持续学习来规划其随着时间的改进可能会有所帮助。战略上岗的概念涉及员工的"连续上岗"，旨在保持员工的敬业度，它甚至可以为将来的领导职位做准备。这可以帮助公司提高生产率，并帮助员工更快地实现其职业目标。入职和职业发展是同一过程的一部分，指导每个员工完成职业目标。这分为两个入职流程，第一个流程涉及新员工培训，第二个流程要求员工为自己定义特定的发展目标。

（十）入职时考虑离职要求

随着平均就业年限的缩短，公司的离职人数可能会逐年上升。在这段关键的员工旅程中，员工对公司的印象将决定他们是否会回到原来的公司，并在社交媒体上展示雇主品牌。采用入职期间收集的数据来制定个性化的入职策略。除了合规和管理领域的标准程序外，脉搏调查、一对一对话以及关于未来机会的讨论对员工离职至关重要。例如，电子邮件自动化初创公司——Mailigen 公司将员工离职置于其以员工为中心的文化核心中。该公司意识到，无效的离职可能会导致成本的急剧增加，因为重新雇用一名前雇员往往比寻找一名新雇员更好。这就是为什么 Mailigen 公司对待员工旅程就像对待任何其他关系一样，在这种关系中，公司必须注意第一印象、定期互动，以确保雇主品牌得到维护。除了遵循上面列出的其他入职体验策略外，还包括整合、协作以及对参与的坚定态度。在改善入职体验方面，还有很多问题需要解决。研究发现，将近 1/4 的员工没有明确的入职培训。如果公司渴望学习如何改善入职体验，并为新员工提供最佳的入职体验，请确保避免以下常见的陷阱：入职与现实工作之间没有一致性，在第一天给予新员工以完全所有权。因此，这些都是公司最重要的入职体验策略，以招聘成功和持续参与为标志。

五、提高员工的工作效率

（一）数字人力资源战略

为使人力资源的数字化转型走上正轨，需要制定一套明确的数字人力资源战略。知道如何战略性地思考以及怎样利用技术来为业务带来价值是很重要。换言之，即如何构建数字化人力资源战略，如何实施数字人力资源战略，以及如何管理参与其中的利益相关者。

（二）员工体验

员工体验是一个已经提上人力资源议程的话题。这是员工对他们在公司中遇到的事情的感受，也是他们对员工入职旅程的观察。雅各布·摩根认为，员工体验与三种环境有关：文化、技术和物理空间，这三种环境都会影响员工体验。

很多人居家办公，使这些环境受到了挑战。这项技术的功能往往不太好（也许是由于互联网连接较弱），人们的物理空间有时会与孩子和配偶共享，而每个居家办公的人都会面临被遗忘的企业文化风险。同样，对于人力资源部门来说，这意味着他们在考虑如何处理(大部分)分布式设置的同时,保留公司员工的体验。

当然，视频和消息传递软件也可以用于此。虽然现在提供合适的员工体验可能是一项挑战，但如果人力资源部门做得很好，这将对员工产生积极影响，甚至可能会让那些想离职的人留下来。这对求职者和现有员工来说都越来越重要。因此，理解员工体验，对人力资源专业的人员来说是一项很有价值的技能。因为一旦做到这一点，就可以开始关注那些重要的触点和问题，从而提高公司的员工体验。

六、塑造最佳的工作场所

在动态的商业环境中，人力资源主管已经成为绘制公司成长路径的关键利益相关者。他们监督人才的获取，优化生产力，提高员工的敬业度。67%的企业领导者认为，数字化对获得竞争优势至关重要，这意味着整个员工队伍都需要进行大规模的变更管理。

2018年，《财富》提出了全球最佳工作场所的综述。这些工作场所在杰出的人力资源部门领导者的指导下，转变为一支敬业度高、生产性强，面向未来的员工队伍。希尔顿酒店和火星公司是在2018年为工作场所创新和卓越成就铺平道路的两大组织。它们不仅拥有庞大的全球员工队伍，而且还确保了员工专注于日常运营方面。

（一）组织聘用培训是人才培养必不可少的

全球招聘执行副总裁分享了招聘人员如何为公司招聘的明确培训方法。踏上这步之后，员工了解并实施了雇佣原则和最佳实践，以建立多元化和创新的团队。

（二）内部招聘是展示员工职业发展机会的绝佳方法

内部招聘不仅向员工表明了人力资源部门主管对他们的关心，而且也让他们也更有动力。未来的人力资源部门领导者必须制订详细的培训计划以帮助招募人才。这些计划必须既具体又灵活，以适应不断变化的趋势。

（三）人力资源必须将重点放在经理的发展上

未来的人力资源部门领导者必须提供特定的举措和投资，以帮助管理人员成为更好的领导者，并有效地指导其员工达到新的生产力高度。戴维斯说："优秀的管理人员影响着从营业额到生产数量的所有方面，更快地准备好新的领导者就可以创造良好的业务。"当人力资源部门领导者带领公司迈向新的成功领域时，必须确保每个员工都满意，同时又要与企业目标保持高度一致。

（四）改变办公室布局

员工如果每天去办公室工作，就可能会一直坐在办公桌前，一般不会过多地考虑周围的环境。但是，员工所处的空间或被限制的空间可能会以没有意识到的负面方式影响他们。当员工受到建筑物的限制时，很难从新的角度来看待他的工作空间。但是，公司可以做一些事情来有效改善员工的工作环境。

各种各样的可用空间是有帮助的，这意味着员工可以摆脱办公室的束缚，在一些协作空间与同事一起工作。许多因素都会影响一个人的压力水平以及对工作的投入程度。但有一点很清楚的是，糟糕的办公室设计会有不好的影响。在一项调查中，60%的小隔间工作人员和近一半的开放式办公室工作人员说，他们对无法使打电话或交谈不被同事偷听感到沮丧。员工还列举了对缺乏空间和视觉隐私、空气质量差、温度和光线不令人满意以及噪音干扰的不满。另外，良好的设计可能有助于员工工作场所的改善。调查发现，员工更有可能将设计更好、功能更好的工作场所评为创新公司。

1. 询问团队意见

确保企业调查的方式与员工能增进信任和建立关系，而不是滋生员工的恐惧和不信任。面对面的交谈通常比强制性的电子邮件调查更有效。一对一地与员工交谈，然后提供几种方法来产生更好的办公室布局的想法。考虑使用一封电子邮件来接收有关办公室设计的问题，创建一个虚拟的建议框架，或者为与设计相关的对话留出时间。

2. 传递品牌理念

公司的办公室设计不仅仅是功能性的，它还是一种沟通工具，可以向公司客户传达一个信息，即告诉他们企业对品牌的期望。这是一种将公司文化灌输给员工的有力方式。如果所在行业比较正规，跑步机办公桌可能就不太合适了。然而，如果经营一家健身公司，踏板办公桌是有意义的。同样，一个室内蔬菜园或有机自助餐厅在向客户和员工传达健康相关的价值观方面会大有帮助。提供选择和自主权不同的工作空间可以很好地完成不同的任务。安静的房间最适合电话交谈和完成需要集中注意力的任务。协作区域是团队工作的理想场所。咖啡馆很适合与同事或客户进行社交活动。

3. 注意办公装饰

办公室装饰的颜色会影响住客的感觉。白色和米色让人感到悲伤，绿色和蓝色是抚慰人心的，橙色和黄色很受欢迎。红色虽有利于提高生产力，但也可以产生威胁。条纹和格子等图案可能会分散人们的注意力，引起头痛。说到装饰，大自然是强大的。坐在靠近窗户的办公桌上眺望绿树的员工减少了精神疲劳，提高了工作效率。

根据埃克塞特大学的研究，在工作场所增加室内植物可以提高生产力。办公室灵活设计应该是一个开放式的讨论，而不是一个短期的项目。模块化工作站可能是一种发展方向，因为与传统的办公家具相比，模块化工作站具有更大的灵活性。在员工会议上花一部分时间与员工沟通，了解办公室的布局是否正常，并敞开大门进行交谈。如果员工不高兴，可以重新考虑进行办公室设计，或者做更多的改变。

充分利用公司的空间，将品牌融入设计中，经常从员工那里获得信息，并根据需要做出改变。通过这种方法，可以确保办公室布局能帮助员工感到鼓舞，而不是感到压力和沮丧。

（五）设计数字化的工作场所

如今，数字化成为我们在公司中开展工作的手段，两个平行且密切相关的问题也加入了行业讨论中。两个问题，即员工参与（其中技术可非常有帮助），并根据员工的需求采取行动，已经上升为迫切的话题。这是因为我们未来的数字工作场所的设计将深刻地告知和定义这些问题。在过去的几年中，大多数企业仍未充分解决如何有效开发和维护一种简单有效的方法，以实现对工作场所中最重要活动的技术支持的问题。最直接的原因是纯粹的复杂性以及体验性噪声，其中大多数是信息太多而过滤器太少。但具有讽刺意味的是，我们的企业实际上需要（而不是更少）将更多的技术和数据整合到工作过程中，以更好地完成工作，并促进公司的发展。

事实证明，在整体上选择、提供、安置和支持工作场所技术的方式通常不足以解决上面三点关注的任务。还有一些新的不利因素，这些不利因素无济于事，必须以建设性的方式加以解决。明显的渠道扩散和碎片化，以及运行或更好地推动业务发展的应用程序的爆炸式增长，尤其是在移动领域。我们通常需要运用这些应用程序，但是当零散的数据造成认知过载或需要过多的努力才能有效使用时，则不需要这些应用程序。

因此，仍然有一些员工在日常工作中专注于花费大量时间通过多种方式改变他们的工作系统，从而汇集了数十种临时体验的应用程序，只是为一天的工作做准备，而不是专注于更具战略意义的高阶知识工作。最重要的是，大多数从业者都认为，有很大的空间可以大大改善这种情况，但是总体上还不确定如何做。由于前进的道路不明确，因此大多数工作场所仍未花费任何真正的精力来开发更可行的整体员工数字体验。这错失了一个重大的机会，最终无法以至关重要的方式为公司的员工、客户提供服务。

更重要的是，随着IT在企业中的不断普及，在不久的将来这将成为一个更大的挑战。但是，针对这种情况的某些解决方案确实存在且越来越多，并且这些解决方案将需要真实的愿景、承诺和持续的变革才能实现。使数字化工作场所与员工体验保持一致，为了解决这些问题，必须基于一个或两个体验中心来开发多层策略，以应对数字化工作场所技术日趋密集和丰富的局面。很快，企业不得不使用户体验、数据体验和社区体验更紧密地联系，可能看起来像是企业社交网络、内联网平台或其他体验平台，可以更好地设计、协调、简化、聚合员工数字化体验，并将其与完成工作所需的应用程序和数据连接。尽管如此，企业仍然忽略了员工体验的整体情况，尽管人力资源部门长期以来一直专注于此，但IT部门通常没有变得越来越数字化。机会是显而易见的，通过将一致的目的和设计应用于全部端到端的员工体验（雇用前、雇用中和雇用后）中而且还主动允许围绕所有利润的"偏心活动"，从而驱动需要的寻求新的工作方式的数字竞争（并因此快速进步）。需要明确的是，企业不会（也不能）设计或控制整个员工体验。在当今高度复杂、快速变化和复杂的操作环境中，这根本是不可能的，也不是理想的。相反，企业将使用一种失去控制心态的设计来转变员工体验。为了实现这一变化，企业需要通过人力资源部门和IT部门之间的紧密合作，使数字化工作场所成为更高阶的设计旅程。

七、制定有效的人才留用策略

通过有效的人才留用策略聘用顶尖人才是创建优秀员工队伍的开始。下一步也是同样重要的一步，即留住他们。员工流失往往是更深层次的未解决问题的表现，如员工士气低落、职业发展选择不明确、缺乏认可或员工与管理者关系不佳。有分析发现，企业要花大约五分之一的员工年薪来替代该员工。

（一）加强员工的参与度

从核心上讲，留住员工其实就是留住员工的参与度。可以通过帮助高绩效员工真正关心他们的工作来留住他们。要想在这一过程中获得支持，可以依靠最佳员工参与软件阵容中的技术。

（二）倾听员工的声音

作为新的留住员工计划的一部分，确定员工不满或流失的根本原因至关重要。收集和分析这些信息将有助于确保员工保留计划能够持续地满足公司的需求。

1. 展开员工调查

通过对员工进行调查，可以深入了解员工的积极性、参与度和满意度。对公司来说，了解员工的观点很重要，这样才能创造出适合他们的项目。

2. 进行离职访谈

为了获得离职员工的见解，在离职过程中要进行匿名调查。

3. 创建有效的入职流程

一个有效的入职流程可能包括公司概况、团队午餐和CEO见面会。这样做的目的是让员工尽快融入公司，以便他们能够与同事快速建立联系，并深入新的角色中。

（三）远程工作和弹性排班

企业要向员工表明，确保他们的工作和生活达到平衡，并愿意满足他们的个人需求。然而，如果只在聊天群里发邮件或聊天，信息可能会在传输中丢失。为了保持面对面的融洽关系，一定要经常通过视频进行联系。

（四）时常赞赏优秀的员工

赞赏员工的工作完成得很好，可以对员工的士气产生较大的影响。查看公司的最佳员工表彰软件列表，这些软件可以组织同行之间的表彰、生日庆祝计划和个性化的福利。公司的人力资源团队可以将公司计划捆绑在一起，用于表彰、奖励。

除了表扬，公司还可以对工作出色的员工进行特别奖励。例如，在员工完成一项具有挑战性的任务后，公司为其提供晚餐或在周末节假日前提前放假，在工作周年纪念日举行庆祝活动。

（五）投资于员工的专业发展

提供学习机会可以让员工保持积极性，为未来的发展做好准备，这一点是很重要的。如果员工没有看到公司对他们进行投资，他们就会开始寻找其他公司。另外，受过良好培训的员工不仅更有可能留在这里，而且他们也会更好地做出贡献。

（六）经常审视员工保留战略

确保每年至少一次重新审视员工保留战略。这意味着要保持对工作场所文化的最佳实践，发展强大的经理和员工关系，并确保薪酬和福利的市场标准。这是让顶尖人才满意并留在公司的方法。

（七）建立以价值为导向的文化

研究显示，与公司、同事和经理融为一体的员工能够获得更高的绩效，更有可能坚持在公司中工作。

为了雇佣和留住合适的人才，一定要明确定义公司文化。公司人力资源团队在传达公司的价值观和期望行为方面发挥着重要作用。

除了招聘和入职之外，人力资源部门还需要在现有员工的整个生命周期内向他们强化公司文化。将公司价值观贯穿于人事流程中——同行间的认可、学习和发展、绩效管理，让员工知道是什么在推动自己取得成功，并将公司文化与业务战略联系起来。

（八）利用绩效考核来促进员工的发展

要想留住优秀的人才，就必须为他们提供晋升的机会。获得高绩效的员工重视职业发展，当优秀的员工能够和公司一起进步时，他们就会一直留在公司。管理者需要鼓励持续的、双向的对话，不仅是关于交付成果的对话，而且也是关于职业理想的对话。在理想情况下，员工应该有能力分享他们的目标，这样当目标与公司的需求一致时，他们就会在第一时间把握住机会。

八、创造更好的员工体验方式

技术在很大程度上改变了员工的体验。对于大多数人来说，利用记事本和文件柜的日子已经一去不复返了，取而代之的是使用软件套件和应用程序。雅各布·摩根说，技术占员工总体体验的30%。但是，技术所做的不只是改变工作场所，它还为领导者创造了改善员工体验的机会。自动化使员工能够专注于需要创造力和创新的更高层次的任务，从而使他们在工作中取得更多的成就。

在招聘市场上，创建更好的入职流程对求职者的第一印象更为重要。但是，有许多人力资源技术工具可以帮助公司创造更好的入职体验。这些工具从转换候选体验本身开始。面试过程中的评估提供了有关潜在员工优势和劣势的宝贵信息。技术可以帮助我们理解这些数据，并将其应用于入职体验中。这有助于公司解决新员工可能存在的技能差距问题，也可以为新员工定下基调。

此外，更简化的入职流程为新员工提供了更多适应公司的机会，实现了工作与生活的平衡，创造了全新的员工体验：远程工作。研究表明，全球70%的劳动力每周至少进行一次远程工作。远程工作可帮助员工更好地保持工作与生活的平衡，并且给予员工一定程度的灵活性来完成任务。远程工作变得非常重要，以至于如果公司的远程工作工具不能满足要求，则员工可能会在其他地方寻找可以提供更流畅体验的雇主。技术解决方案只能在一定程度上改善员工体验。它们使公司不仅可以获取情报和数据，还可以提高员工的技能。但是，技术无法将糟糕的员工体验变成好的体验。

领导者可能很难把握员工体验中的痛点，但是许多人力资源技术产品都具有匿名的调查工具，可以更好地帮助员工把握公司的脉搏。但是，即使没有过多的人力资源技术工具，也不要担心。实际上，诸如此类的调查可以为公司决定购买的产品提供信息。

九、促进人力资源部门的发展

人力资源领域越来越依赖数字化工具来审核求职者管理福利、监督合规工作以及执行其他人力资源任务。这为人力资源部门的领导者提供了一个极好的机会，可以启动有利于整个公司的变革，帮助其保持良好的竞争优势，吸引顶尖人才，留住现有员工。人力资源服务于两个主人，即人力资源部门和公司员工。变革必须从内部开始，因此完善人力资源团队的数字化体验应该成为首要任务。当掌握了这一点后，可以将工具和流程带到其他部门，从而扩大在整个公司范围内的影响。

在智能化时代，员工希望通过技术轻松地工作。研究表明，当公司采用先进技术时，公司领导会看到生产力和工作满意度的提高。

公司所依赖的数字化内容的数量已经爆炸式增长，员工需要能够从任何地方访问它，并利用它来做好自己的工作。我们使用的工具和数字化体验需要能够满足远程协作、实时状态更新、快速审批流程和详细的合规性工作流程的需求。人力资源部门的员工可以优化数字体验，管理和可重复的合规性与运营任务将会较少陷入困境中。人力资源部门的领导者在找到让数字工具腾出时间的方法时会产生较大的影响，这样他们就可以专注于人力资源的真正目的，帮助公司战略性地吸引员工。

对于一流的数字体验，这些过程也需要完善。人力资源部门可以使用世界上最好的平台和应用程序，但如果资源和流程管理低于标准，则不会对团队的工作方式产生影响。当人力资源部门完善其流程，并在员工之间创建无缝连接以及在工作流程中包含数字工具时，它可以将其数字化体验带到公司的其他部门，并对其产生较大影响。实施全公司数字化体验人力资源系统的最大用户不是人力资源本身，而是所有员工、经理，甚至是与公司互动的候选人、承包商和合作伙伴。考虑到这一点，将部门内部建立的数字化体验扩展到整个公司的其他人，将使每个人的工作变得更加美好。拥有一个有凝聚力的数字化体验，允许员工在一个地方找到他们的所有工作，跨职能工作和执行任务推动参与并改进流程，使他们工作得更高效。管理者知道哪些工作应该优先考虑，可以根据技能和可用性轻松分配任务，并且可以随时查看，进行实时状态更新。员工能够在一个地方获得完成工作所需的一切。如果员工能够从任何地方实时协作和共享文档，就可以提高员工的工作效率。这可以通过优化数字化体验实现，并且它正在成为人力资源部门领导者的责任，创造一种让每个人都能轻松工作的数字化环境。人力资源专业人员工作的核心是吸引员工，数字化体验对公司的成功至关重要。增强公司的数字化体验首先要了解谁在开展哪些项目，并深入了解资源的使用方式。在创建自己的人力资源数字化体验时，了解所学的知识，并找到让员工全面工作的方法，无论他们在哪个部门工作，实施数字化体验都会使工作更轻松、更高效、更令人满意，使员工可以将更多的时间花在他们所要完成的工作上。这种焦点的转移意味着人才将得到更有效的利用，项目将更加成功，工作满意度将大大提高，人力资源将影响整个公司的运营方式并取得相应的成功。

十、提供大规模个性化员工福利

在 2020 年及以后，从人员配置水平到收入，再到品牌认知度公司可能会有增长计划。而且，随着新的十年的到来，公司需要为新员工和老员工提供新的福利待遇。如何在保持个性化、精心策划的同时，扩大员工福利项目的规模，下面是提供个性化员工福利的几个关键方法。

（一）建立生活消费账户（life spending account，LSA）

公司给予雇员每月或每年的津贴，用于自己选择的医疗开支。LSA 被认为是一种福利，因为它抵消了员工可能需要支付的个人自付费用，且 LSA 是一种个性化的福利。此外，LSA 还是一种灵活的计划，它允许雇主为员工提供津贴，让员工在他们感兴趣的特定项目上消费。由于 LSA 是与生活方式相关的，LSA 可以用来购买健身房会员卡、公共交通、饮食用品、美容师服务、在线学习课程以及其他类似的产品和服务。设定一个特定的金额不仅是增加员工个性化福利的最可扩展的方式，而且从人力资源的角度来看也是可扩展的。例如，人力资源部门经理可以省去与健身房、瑜伽馆、书店等管理关系，只需让员工光顾自己想要的企业即可。但是，要把关键项目与 LSA 分开，虽然公司可以把所有员工的福利合并成一个 LSA 津贴，但这也会产生一些问题。最明显的是，健身房网络或健身设施的会员资格可能是不与 LSA 挂钩的福利。虽然员工可能很喜欢拥有选择自己的健身房和会员计划（或者跳过它而去其他地方消费）的自由，但员工并不具备整个公司所享有的购买力。当一个员工报名参加健身时，他们很可能会支付全价会员费，而人力资源代表可以利用整个公司的力量申请公司的收费标准，这无疑使每个人报名的费用变得更低。

除了让福利不嫁接到生活消费账户上节省成本外，员工可能会发现这样做更有利润。在发布新员工招聘广告时，就像对在职员工一样，将 LSA 和健身房会员作为两个独立的福利，即使最终的成本效益保持不变，也会让人觉得公司更慷慨。

（二）提供更深层次的可购买产品

公司规模越大，就越难为越来越多的员工提供福利待遇。例如，程序性的或政策性的福利有时会成为高层管理人员的痛点。然而，可购买的补贴不仅更易于管理，而且随着公司的发展，每个员工的成本通常也会降低。

（三）选择健全的员工福利

随着公司规模的扩大，通过电子邮件或电子表格进行的福利管理很快就会变得不可持续。要管理一个个性化的福利计划,如 LSA 或员工借记卡等,需要找到一个合适的福利管理平台。各种公司都提供了端到端的解决方案,用于福利方面的行政管理。公司不仅提供了一个管理门户,用于审核成本、获取报告和与其他人力资源管理软件集成,有些公司甚至还为每个员工提供了自定义的用户区域。员工可以更方便地跟踪他们的使用情况,找到他们不知道的福利。

(四)提供公司范围内有私人化感觉的休假待遇

企业提供个性化的福利待遇,其中最重要也是最受欢迎的方式就是针对重大的生活状况推出休假计划。怀孕对任何员工来说都是最重要的时刻,而宽松的产假、陪产假或赡养父母假政策会在员工最需要的时候为他们量身定制。同样,企业为员工制定了宽松的丧亲假政策。此外,还有一个重要的休假政策是针对伤病员的休假政策。灵活的短期伤残假政策和充足的病假不会让人觉得是"一刀切"的做法,虽然从本质上说,它是一刀切的。当员工能够期待真正的休假,而不是把假期留给急事、新生儿或亲戚可能过世的时候,他们会更好地享受个人生活,在办公室的时候也能更好地发挥出自己最好的工作能力。

(五)不要遗漏人力资源中的"人"

公司的成长并不意味着人力资源部门的大门应该关闭。虽然有些公司转向用电子邮件来与人力资源部门沟通,并取消了面对面的沟通,但开放的政策也应该继续存在。要做到这一点,人力资源部门应该随着公司的发展而扩大,确保即使在公司扩张的同时,每一位员工都能得到个性化的照顾。通过各种方式,实施在线工具来管理员工的小问题和满足其要求,但要保留一对一的服务。

此外,不论公司有多少名员工,通过民意调查或问卷调查,都要让他们参与到每一个福利决策中。这不仅可以让人力资源团队获得有价值的见解,而且也在规模化的办公福利中增加了一种个性化的方式。扩大公司的规模并不一定意味着要削减员工的福利。如果选择正确的福利,公司不仅会满足更多员工的要求,而且也会使员工感觉到是根据他们的特定需求和兴趣而制定的。

十一、创建反映公司价值观和品牌的候选人体验

建立正确的雇主品牌对公司的整体绩效有直接的效益影响。在具体招聘方面,品牌薄弱或核心原则运用不当的雇主通常无法吸引合适的人才。从第一次互动开始,每个候选人都应该通过体验、沟通和后续行动来反映公司的价值观。如果这样做,公司就可以通过最初的对话来建立与候选人之间的信任,并及时改善公司

的品牌声誉。为了促进公司品牌形象的树立，公司必须首先建立自己的价值观，并确保这些价值观在整个公司中都得到学习。然后确定应如何在候选人体验中体现出来。

在当今以候选人为导向的就业市场中，如果没有一套既定的公司价值观，雇主根本无法雇佣和留住员工。公司与世界共享的雇主品牌应该准确反映出为公司工作的真实情况。企业价值观可以建立在公司独特的文化基础之上，甚至可以从一项简单的调查中得出，以找出当前员工在该公司工作的最大乐趣。这些价值观也需要在寻找候选人的过程中清楚地体现出来。如果应聘者在申请时体验糟糕，那肯定会对品牌产生负面影响。

负面评论往往比正面体验更容易被表达出来。花时间建立一个雇主价值主张，并随后调整公司的价值观。如果品牌价值不明确，或者没有在整个公司内推广，那么品牌价值就没有多大的分量。一旦确立了品牌价值，就应采取相应的措施，确保价值观是众所周知的和可利用的。一个常见的公司价值是透明的，部分是通过公开交流实现的。如果应聘者对自己与公司的关系一无所知，那就违背了公司的核心价值观，即通过公开沟通来提高透明度。

在通常情况下，招聘人员会发现他们的工作已经安排得很满，所以取消候选人面试是不可避免的。为了有效解决这个问题，公司可以使用市场上现有的工具来尽可能多地将工作自动化，并找到有助于交往和沟通的工具，从而使招聘人员有更多时间专注于招聘方面，积极寻找候选人。

最近的一项调查发现，73%的受访者表示，如果他们在第一次见面时有过一次糟糕的体验，他们就不会再使用聊天机器人。值得庆幸的是，市场上大多数用于人才招聘的人工智能产品都已构建了良好的声誉，可以帮助公司改善求职者的体验。一种被称为"对话人工智能"的聊天机器人，可以基于自然语言处理和机器学习模式与应试者进行接近人类的交流。由于人工智能承担了一些交流工作量，招聘团队可以专注于高水平的评估，而且他们将参与有关公司和具体职位的有价值的对话。公司领导人会知道他们的招聘团队配备了哪些工具，以确保在整个过程中与应聘者的每一次谈话都能建立信任。

参考文献

［1］陈薇静. 基于情绪视角的知识型员工工作倦怠研究 [M]. 长春：吉林大学出版社，2010.

［2］郭红丽. 客户体验管理的理论与方法研究 [M]. 厦门：厦门大学出版社，2010.

［3］杨君茹. 企业文化影响员工满意度的实证研究 [M]. 北京：中国社会科学出版社，2010.

［4］陈晓芸. 员工情绪自我控制与调节 [M]. 北京：中国言实出版社，2012.

［5］李启庚. 品牌体验的形成及对品牌资产的影响研究 [M]. 上海：上海交通大学出版社，2013.

［6］李鄂，李元坤，宁天放. 多彩的情绪：员工情绪管理 [M]. 北京：北京理工大学出版社，2013.

［7］冯斌，张春阳，胡洁. 游客体验视域下的目的地品牌管理理论及实践 [M]. 成都：四川大学出版社，2013.

［8］过宏雷. 品牌形象的体验营造 [M]. 北京：中国建筑工业出版社，2014.

［9］房伟. 卓越员工情绪管理 [M]. 北京：北京工业大学出版社，2014.

［10］邓正红. 从客户体验到技术为王：移动互联网时代的掘金之路 [M]. 北京：中国发展出版社，2014.

［11］王炳成. 员工绩效考核方法：与企业生命周期匹配的研究 [M]. 北京：人民日报出版社，2015.

［12］程晓娟. 面向设计的产品生命周期成本控制研究 [M]. 西安：西安交通大学出版社，2017.

［13］顾新建，顾复. 产品生命周期设计：中国制造绿色发展的必由之路 [M]. 北京：机械工业出版社，2017.

［14］水会莉. 企业产品生命周期成本控制的动力机制研究 [M]. 西安：西安交通大学出版社，2018.

［15］王国猛. 组织中员工情绪创造力的内涵、结构及其对员工创新行为的影响机理研究 [M]. 长春：吉林大学出版社，2019.

［16］侯永，袭希. 体验产品的品牌延伸 [M]. 北京：中国农业出版社，2020.

［17］刘桃媛. 基于客户体验管理的原创品牌形象设计 [J]. 艺术科技，2017，30（8）：303.

［18］洪健山，沈皓，毕士凡. 客户体验管理创新策略 [J]. 中国电力企业管理，2018（36）：46-47.

［19］史雁军，周蕊. 客户体验评价体系的构建与应用 [J]. 质量与认证，2018（12）：60-62.

［20］全贞燕，闫冰. 差异化的客户体验是决定质量的核心 [J]. 中国质量，2018（10）：71-73.

［21］李维婉. 体验营销对品牌传播的正面推动 [J]. 北方传媒研究，2019（6）：19-21.

［22］李华君，张智鹏. 数字时代品牌价值共创的意指内涵、研究视阈和未来展望 [J]. 新闻大学，2019（12）：90-104，122-123.

［23］王作函. 解放动力：以全新品牌形象迎接未来多元化发展 [J]. 商用汽车，2019（8）：68-69.

［24］陈伟. 人工智能带来客户新体验 [J]. 中国电信业，2019（6）：60-63.

［25］吴鹏飞. IP形象在品牌传播中的应用价值 [J]. 营销界，2020（24）：151-152.

［26］付二晴. 网络环境下品牌传播策略研究 [J]. 品牌研究，2020（3）：28-31.